U0961531

世纪波

Century Wave

Führungsstark in alle Richtungen

360度领导力

中层领导者全方位领导力提升技巧

（钻石版）

［德］亚历山大·格罗斯 著
（Alexander Groth）
贡晓丰 孔婧倩 译

電子工業出版社
Publishing House of Electronics Industry
北京·BEIJING

版权贸易合同登记号　图字：01-2011-3376

图书在版编目（CIP）数据

360 度领导力：中层领导者全方位领导力提升技巧：钻石版 /（德）亚历山大・格罗斯（Alexander Groth）著；贡晓丰，孔婧倩译. —北京：电子工业出版社，2019.7
ISBN 978-7-121-36852-3
Ⅰ. ①3… Ⅱ. ①亚… ②贡… ③孔… Ⅲ. ①领导学 Ⅳ. ①C933
中国版本图书馆 CIP 数据核字(2019)第 118164 号

责任编辑：刘淑敏
印　　刷：三河市鑫金马印装有限公司
装　　订：三河市鑫金马印装有限公司
出版发行：电子工业出版社
　　　　　北京市海淀区万寿路 173 信箱　邮编 100036
开　　本：720×1000　1/16　印张：15.75　字数：232 千字
版　　次：2019 年 7 月第 1 版
印　　次：2019 年 7 月第 1 次印刷
定　　价：68.00 元

凡所购买电子工业出版社图书有缺损问题，请向购买书店调换。若书店售缺，请与本社发行部联系，联系及邮购电话：（010）88254888，88258888。
质量投诉请发邮件至 zlts@phei.com.cn，盗版侵权举报请发邮件至 dbqq@phei.com.cn。
本书咨询联系方式：（010）88254199，sjb@phei.com.cn。

译者序

翻译了一本书，总有些体会。我从 3 个方面谈一谈自己的体会：德文文字、本书内容和翻译工作。

德国人写书，喜欢长长的句子，几层逻辑堆在一起，一方面这是他们的习惯，另一方面是为了显示他们的逻辑能力。从西方引进的图书中常常有一些我们不太好处理的口语，仿佛看外国电影一样，偶尔觉得不是我们在类似场合下会说的话。

从内容上来说，在翻译的过程中，我个人收获良多，因为书中所提到的问题和场景也是我在工作中遇到的，我也想知道正确的处置方法，使自己显得成熟、有理、有节。本书所讲述的如何领导好员工、领导自己，以及如何处理与同级和上级的关系，对于领导者尤其是中层领导者来说非常实用，书中列举的都是在实际工作中每天都会遇到的问题，作者以其丰富的经验给出了明智的应对方法，解决了领导者心中的很多困惑。

翻译可以说是一门艺术，要想既符合中文的语言习惯，又忠实于原著，需要反复推敲，不断完善。

感谢复旦大学孔婧倩老师和四川锦江学院彭婷老师在翻译过程中给予的帮助。她们不是管理人员，也不是学管理专业的，但她们更能领会德文意境，更明白怎样辨析其间的逻辑，更懂得如何提升表达效果。

前 言

中层领导者的处境

马克是公司的一位中层管理者，他抬头看了一眼钟表，显现出一种不知所措的失落。上午的时间不经意地就在几封电子邮件、几通电话和一次会议中流逝；利用午餐时间和一位审计部门的同事讨论了一下公司当下的发展，同时获悉，若不进行裁员，公司恐怕难以为继。他只能揣度，裁员会对自己的部门造成的影响。吃饭的时候，老板还给他打了电话，为他和另外几位同事安排了一次危机会议，原因是公司的一个重要客户出了些状况。在会议当中，裁员的流言使马克心不在焉，可是他的老板显得泰然自若，看不出丝毫异常。现在，已经是下午 4 点了，马克的目光在写字台上堆积如山的未处理公文和显示着有 73 封新邮件到达的电脑屏幕间逡巡。他甚至还没有开始处理哪怕一丁点儿今天计划中的工作。一声长叹！他知道，今天又要加班了，要见到他的两个孩子只能是在他们熟睡之后了。幸运的是，他的妻子凯瑟琳表现出了充分的宽容和理解。其实，他原来以为，升任中层后就可以把更多的工作委派给下属，从而使自己得到更多的空闲时间，可情形恰恰相反。马克拿起了一份下属部门领导提出的建议书。正当他准备开始阅读时，如同往常一样，他的手机又响了。

马克的情况发生在很多中层管理者身上。他们得到了那些新晋经理人梦寐以求的职位，升职到了公司中层。在年会上，名片上的新头衔定会引来更多的倾慕，邻居们也会对奥迪 A6 豪配版公务车满怀羡慕。最好的朋友会打趣地称呼他们“总监先生”，因为他们已经不能直接通过电话，而是需要经过私人秘书的转达来进行联络了。这正是马克时常梦想的场景，但事情往往还有另一面，那就是他今天的切身经历。

下面这些问题，就是中层领导经常面临的挑战。

高压力与高期望　11～12 小时的连续工作成为很多中层领导的家常便饭。同事们都会工作这么长时间，老板们还会更长些。他们不会为此得到表扬，因为这似乎是理所当然的。精益管理的应用使得很多公司裁减了大量岗位。今天，中层领导承担了大量在以前属于高管层承担的责任，但是没有得到相应的人员配置。对中层领导的要求日益升高，工作与私人生活的天平越来越偏向于工作。很多领导者即使在晚上和休假时也随身携带电脑和工作文件。

三明治夹心层　中层管理者肩负着为基层领导将高层的战略目标转化为运营目标与具体流程的任务。经常会身处其中而感到左右为难：上级设定了脱离现实的目标，并施加压力要求予以实施；基层领导抱怨压力过大、缺少资源。中层管理者必须在高层的过高期待与基层领导的错误间谋求平衡。真是两边都不讨好。

有限的上升空间　事业的路径到目前为止都还明确清晰，但未来的发展空间非常狭窄。向上晋升，职位已经越来越少，同时，为保住目前的工作岗位，他们还需要与受过国际化教育的、高素质的经理人展开竞争。许多以事业为中心的人开始自问："下面的路该怎样走？"竞争愈发激烈，高层风云变幻，而家庭又一再被推到负荷的极限。

不断提升的复杂性 几十年前，领导和管理是相对简单易行的工作。例如，在制造业中，人们可以清楚地看到并切实地"抓住"问题，解决的方法往往显而易见。与此相反，今天高度复杂的生产流程和服务供应经常使问题难以把握，同时因果关系也是纠结复杂的。因此，中层领导无法继续总览和理解全局，并且经常出现各种情况，以他们的已知经验和方法根本无法解决。

缺乏时间进行反思 许多中层领导深陷于日常管理工作当中。除此外，他们应该抽出时间对个人和工作进行反思，对员工和部门的未来发展进行思索。许多领导尽管意识到这一点，但日常工作已将他们吞噬，无力扭转局面。

工作缺乏保障 年龄越大，或者经济压力越大的领导者，安全性对他们就越具有重要意义。早先，身处大型企业的人可以这样假设，只要努力工作，没有犯错误，那么这就会是一份稳定的工作。周期性的晋升与加薪是板上钉钉的。今天，即使表现优秀，哪怕为公司效力多年，公司业绩良好，中层领导仍然面临被裁掉的风险。那些没有被裁掉的员工，也要思量什么时候轮到自己。尤其是那些年过50岁的人，更要当心了，因为自此时开始，他们就成了劳动力市场的滞销产品。高龄领导者，即使能力高超，也会经常发现无法找到相应的职位，因为现在的趋势就是优先选择年轻人。

私人空间小 中层领导也会在私人生活领域面临很大的压力，他们中的许多人与家人在一起的时间太过短暂，因而在孩子与伴侣面前缺乏良好形象。深夜回家时已筋疲力尽，对同样身处职场的伴侣在日常所遭遇的问题上难免充耳不闻。当伴侣在周末用比较严肃的口气要求他做些家务或照看孩子时，疲惫的中层领导会神经质地暴跳起来。同时，父母那边也经常因为年老生病或需要照料而给他们造成困扰。如果他们还要为买房子或其他问题费心，那么内心的疲劳可想而知。因此，许多中层领导无法将私人生活当作积蓄力量的源泉，而是看作对某种物品而非伴侣所付出的额外负担，即使更换了伴侣，情形仍然难以好转。

中层领导面对着复杂的挑战，这要求他们在 4 个层面具有领导才能。第一，成为高层与下属间的缓冲器，他们要能够将高层的指导路线与策略变化付诸实施；第二，承担推动与培养下属、领导高效团队的工作；第三，与同级别的其他同事既要合作，也要竞争；第四，能够自我发展，以适应不断提高的要求。

在多年的工作中，通过与各级领导者的接触，我了解到，这种多重压力经常是中层领导所面临的核心问题。因此，我希望借助这本书向读者展示，如何提升自己，以具备上述 4 个层面的领导才能。

本书每篇讲一个层面：第 1 篇将告诉你如何发展成一个既诚信又真实的领导者；第 2 篇告诉你如何提高团队业绩；第 3 篇讲的是如何与同级别的同事既保持合作关系，又能避免明枪暗箭；第 4 篇讲述如何在领导面前成功地说出自己的观点，争取自己的利益，即使面对的是一位难缠的上级。全书穿插着很多相应的练习，你可以分析自己的处境与行为，同时勾画出属于你个人的解决策略。

本书精简而实用，能够帮助领导者掌握各种领导力。只有那些将自己的关注点建立在应对这 4 个层面领导力挑战的人，才能取得长久的成功。

目录

第1篇　领导自己

第2篇　领导员工

第 3 篇 管理与同事的关系

第 4 篇 管理与上级的关系

第 1 篇

领导自己

Führen Sie sich selbst als Führungskraft

本篇讲述如何领导自己，这也正是能够成功领导他人的先决条件。你的官方头衔和在公司中的级别使你成为上级，但真正能使你成为美国人口中的“领导者”（Leader）的是个人性格、特质。“领导者”这个词，表示的是人们具有的一种能力，而“上级”这个词，仅仅表示人们被提升到更高级别层。可以这样理解，在大多数公司中，存在的是上级而非领导者。卓越领导者应该具有哪些特质？理想的情况是，领导者诚信、真实、高效。如何理解这些特质，而又该如何通过训练获得这些特质，让我们在这一篇中一一解答。

通过多年在领导层的工作，我总结出以下这些反复被提及的问题：

- 在困难时期压力重重的情况下，我怎么才能保持诚信，同时坚持自己的信念？
- 我怎么能找出自己具有的优势与天分，并将其更好地加以利用？
- 我应该在哪些方面努力，让自己显得更加真实可信？
- 我每天工作 12 小时，几乎没有了自由时间。如何才能在这样的情况下让我的生活拥有更多乐趣和满足？

以上及其他一些问题会在第 1~4 章中予以回答。自我能力的挖掘是一个令人兴奋的发现之旅。花上些时间，完成几个练习并进行自我反省，从而变成员工所期待的领导者：一个诚信的、真实的、员工们乐于接受的领导者。在第 1 章中，我们先来回答，诚信的行为对于领导者意味着什么。分析一下，哪些价值对你最为重要，并且判断，在各种情况下，你是否表现出了诚信，以及行动中是否与你的价值取向保持了一致。

第 1 章 领导者如何诚信而为

示范，并非众多影响别人的方法之一，而是唯一的方法。

——阿尔伯特·施魏策（诺贝尔奖获得者）

作为领导者，希望在同事和上司面前保持体面，同时受到下属尊敬。要想长期拥有这样的良好声誉，优异的业绩必不可少，但远远不够。大多数领导者所希望的不仅仅是作为经理，也包括作为一个人而受到尊重，而这就需要个人诚信来赢取他人的追随。那么诚信到底代表什么呢？

诚信的意思是，说到做到，言行一致。

在 18 世纪，德国诗人马蒂亚斯·克劳迪亚斯就曾经劝诫：“依据行为好过依据话语对一个人做出判断，因为很多人只是说得漂亮而已。”是否诚信，首先通过行为而非话语来表现。拥有诚信的人在困难的情形下也会坚守自己的价值观。要做到这一点，经常会要求人们坚持原则。然而只有如此才能作为领导者获得员工的信任。不能坚持原则的人，会表现出摇摆不定的态度。

integer 这个词源于拉丁文，意思是完好的、无瑕疵的。完好意味着行为要与价值观相一致，然而很多领导者未能践行。举一个日常生活中能够体现这种言行矛盾的例子，就是为家庭所付出的时间。当被问及，什么对他们重要时，大多数领导者会回答家庭，前提是如果他们确实已经拥有了一个家庭。很多领导者都清楚地知道，家庭确实对他们具有重要意义。尽管如此，很多人却将工作置于优先地位，直至家庭几乎支离破碎。这样的自相矛盾最后会导致一种内心的分裂感。当我们的行为与话语无法取得一致时，我们的诚信就不再完好。

走向个人诚信的第一步就是要弄清楚你所看重的价值观有哪些。

练习

你是否可以凭直觉说出，作为领导者，你希望输入哪些价值观呢？在下面写下 5 条核心价值观：

1. ______________________________
2. ______________________________
3. ______________________________
4. ______________________________
5. ______________________________

很多人都无法立即写出其价值观，就是因为他们很少就此进行思考。但作为领导者，他们应该做这样的事情，因为在某些困难的情形下需要凭借直觉做出决定时，要求他们拥有一个清晰的价值体系作为行为的依据。如果不同的价值观在你的头脑中碰撞，你却没有清晰的价值体系，就可能导致无所适从，也可能导致在面对多重压力时，屈从于压力最紧迫的一方，这往往并非最佳选择。一旦拥有了明确的价值观，就可以更好地做出选择并且更加主动地应对变化的形势。

价值观自我测试

领导者经常会面临艰难的情形，有时甚至会陷入道德困境。举例来说，2005 年，德国一家大型银行的董事会主席宣布经营纯利润比上年增长 87%，达到了 250 亿欧元，同时，宣布将在世界范围内裁员 6 400 人。这次裁员事先已经与工会协商达成了一致，并且降低了其对社会利益的影响。这次裁员没有直接解雇员工，而是通过退休和取消因员工变化而空出的岗位来达成目标的。

如果你在这样一家单位工作，所管理的部门出现因职位空缺而被裁掉的情况，你会怎么做？尽管这对于单位来说是大有裨益的，但当下属因此必须分担在你看来已经超负荷的工作量时，你会如何处理这样的情形？

答案将取决于你的价值观。当“纪律”与“可靠”是你的最高价值观，那么你（面对员工时）所采取的做法应该会与以“公平”和“忠诚”为首要价值观的领导者不尽相同。你在一家公司工作，却不认同它的核心价值观，那么你最终会变得失落或麻木。如果不是偶然情况，而是从根本上就与之存在冲突，在这样的情况下，建议你更换一家公司。

很多理论告诉我们，哪些价值观是格外值得珍视的。但其中只有少量的价值观具有普世标准的特征，也就是说，在世界上各种文化中都会受到很高的重视。这些普世标准即道德价值观。2000 年前柏拉图四德毫无疑问包含其中，它们是：

1. 智慧。

2. 勇敢。

3. 节制。

4. 正义。

这几点也包含在 12 条骑士美德中，中世纪的骑士就是依照以下 12 条来约束自己行为的：

怜悯、谦卑、平静、公正、信仰、善良、希望、爱、节制、强壮、诚实、智慧。

与那时相比，我们在今天常常无暇反思自己的价值观与行为。下面列举了一些表达价值观的词汇。

细心	慷慨	正直
坚韧	善良	客观
自主	助人	干净
怜悯	礼貌	自律
谦逊	希望	团结
深思熟虑	幽默	节俭
持久	聪明	灵性
感恩	坚持	自觉
谦卑	爱	坚定
纪律	忠诚	强壮
真诚	节制	勇敢
诚实	人道	活力
决断	同情	宽容
勤奋	胆量	忠心

灵活	耐久	谨慎
友善	慈善	热情
镇静	坦率	真实
正义	整齐	智慧
仔细	守时	可靠

著名心理学家维克多·弗兰克曾经说过："价值观只能身教，无法言传。"你标榜的价值观有哪些呢？哪些对你是重要的？下面的练习会帮助你发掘出自己的价值观。

练习

第一步

仔细阅读上面列出的各种价值观，从中最多选择10项，它们应该是你作为领导者所希望具备的，同时对你而言确实非常重要的。补充没有列出，但是对你个人有重要意义的项目。在选择时，不要考虑你期待员工具备哪些特征，而是要想，你希望日常工作中在员工面前表现出哪些特征。

第二步

把这些重要的价值观填入到表1.1中（最多10项），注意横纵都填，且序号对应。现在，每个价值观都被排列在序号1~10之间。按照下面的描述来填写空白处。将价值观进行两两比较，判断在生活中哪个对你更为重要。把代表这一价值观的那个序号填写在相应的交叉格中。

表 1.1　价值观比较

价值观	1	2	3	4	5	6	7	8	9	10
1										
2										
3										
4										
5										
6										
7										
8										
9										
10										

当难以决断时，就假设两种极端情况进行比较。例如，第二个价值观是“忠诚”，第三个价值观是“纪律”。那么现在要问自己：作为领导者，我更希望自己对员工诚信而缺乏纪律，还是希望自己是一个强调纪律的领导者，而毫无诚信可言?

完成后，计算代表各个价值观的序号出现的频率，根据出现频率的大小将其进行排序，填入表 1.2 中。最频繁出现的那个数字代表的价值观，对你而言，就是最为重要的。那些很少出现或根本没有出现的数字，表示其对你意义不大。当两个价值观出现的频率相同因此排序也相同时，查看表 1.1 中这两个价值观的直接对比，你优先选择的那个对你而言更为重要。

表 1.2　价值观排序

价值观序号	1	2	3	4	5	6	7	8	9	10
出现频率总计										
排序										

第三步

现在要找出，在实际生活中，你是如何处理这些所选出的重要价值观的。按照上面排序后的结果相应地填入到表 1.3 的垂直列中。然后按照你的实际表现主观地对其进行评分，评分标准是 1 分到 10 分。你在生活中执行得越好，分数越高，反之亦然。你可以看到，你的实际行动与想法上产生的差异！真正的行为，而不是积极的意图，才是决定性的。

表 1.3　价值观与实际行动

排序后的	转化到实际中的表现									
价值观	1	2	3	4	5	6	7	8	9	10
1										
2										
3										
4										
5										
6										
7										
8										
9										
10										

第四步

自我评估后，重新检查这些价值观的排序。

如果在这次练习中，你所选择的价值观与实际评分后的价值观顺序无明显差异，那么就无须改变。然而，理论与实际并不能总是取得一致。一些价值观尽管排序很高，但是得分很低。哪些价值观你的执行最不得力？要在以后就此做出哪些改进？

你获得的最重要的 3 点认识：

1. ____________________。

2. ____________________。

3. ____________________。

实践中的诚信

你是否诚信、言行一致，会先在日常管理中的复杂情形下得到体现，员工会对你的作为看得清清楚楚。但是，很多领导者对此缺乏足够的重视。人们会记录下领导者的不当行为，并本着八卦精神迅速传播。有时，领导者得知员工了解了他的一些隐私或听到他们如何谈论自己，那么他在整个公司都会处于一种尴尬的境地。

员工对领导性格的认知往往准确得令人吃惊。当你与员工长年累月共同工作，你的所有本质特征与实际践行的价值观一览无余。当你谈论某事的重要性时，大多数员工会明白你到底是不是认真的。他们每天都在观察，你是否严肃地对待这个议题并且认真地将其实践，或者你只是如俗语所说的“光说不练的假把式”。

你需要让别人了解，哪些价值观对你而言是重要的，但根本在于，你要按照这种原则去实践。例如，一个强调客户服务的人，却经常忽视客户打来的电话，那么这就是所谓的言行不一，而且它也会在员工中迅速传播开来。

下面描述了几个典型情形下的例子，有些领导践行了他所宣扬的价值观，有些则没有。许多领导强调团队精神、相互尊重和承担责任，他们在实际中是否如此实践，会在很多日常情景下得以体现。

承担责任

美国总统杜鲁门在白宫他的办公桌上用胡桃木立了一个标牌，上面写着“责任止于此”。这个说法是从习惯用语“传递责任”转变而来的，意思是“把责任和倒霉的事情推给别人”。杜鲁门是在提醒自己，作为美国总统，他已经不能将责任继续传递给他人了。

作为领导者，你要对员工所做的事情负责。有多少领导会在员工犯错的时候能够公开地表达由自己承担这个责任？一位经理曾向我讲述了下面的故事。

当他还是一位员工而无须承担领导职责时，他犯了一个后果严重的错误，这个错误会给部门造成巨大的经济损失。他和他的上级心知肚明，这是谁犯的错误。他的上级还没有来找他算账，但是他对这一刻的到来满怀恐惧。突然，他的上级出现在办公室，要求他一起出去。在大楼顶层的走廊中，上级命令他，在将要进行的谈话中闭紧嘴巴。在他们来到公司高层办公室门前那一刻，他的心沉入了谷底。进入办公室后，满腔怒火的公司高层马上开始了言语的攻击。他的上级保持着平静，主动承担了所有的责任。上级说这是自己的错误并愿意承担全部责任。那位员工根本没有得到高层的任何注意，一直保持沉默。当高层发完怒气后，两人离开了办公室。在门外，这位员工的上级拦住他，缓慢而坚定地说："永远不要再让我经历这样的情形。永远不许再犯这样的错误。"说完后他就转身离开了。时至今日，那位员工已经成为一位成功的领导者，当谈及往事时，他说："自那天起，我觉得自己愿意为上级做任何事情。我从他那里学到的就是承担责任。"

这个例子告诉我们，如果一位员工犯了错误，领导不要将矛头都指向他并将其孤立起来。欧洲企业管理专家弗雷德蒙德·马利克将其总结为下面一点："员工的错误同时是领导的错误——对上或对外时，一概如此。"当员工犯了错误时，人们应该帮其改正，甚至批评员工，但是必须让员工相信，他们可以从领导那里获得支持与保护。此外，弗雷德蒙德·马利克写道，领导永远不该将自己的错误归咎为员工的错误，这样会侵蚀信任的关系。同样重要的是，员工的成功是属于员工的。身为领导不可夺人之功。即使完全是因为领导个人而获得的成功，他理应得到所有的赞誉，在此情形下，作为一位领导者，他应说"是我们一起取得了成功"。

自己解决困境

有些领导者习惯于逃避困境。当需要为一位重要客户传达坏消息时，这些领导者会怎么办？他们将这次谈话委托给员工来完成。领导者其实知道这件事情应该由他亲自解决，员工也知道。你觉得在这种情况下，员工会如何看待自己的领导者呢？

我还见到过这样的领导者，他们将企业裁员的责任推给上级，他们这样说："是上头的那帮人把事情搞砸了，就让他们去收拾烂摊子吧。"他们从来未曾思考，一位为公司服务多年的老员工面对之前从未谋面的公司高层，并要与他进行关于裁员的谈话，这位员工会是一种怎样的心情。很多时候，高层要进行大量类似谈话，这就导致因缺乏准备造成谈话内容标准化、程式化，缺乏亲切与人性。没有一句话会谈到员工的良好表现，没有一句话会谈到公司对他的认可，因为他根本就不认识面前这位员工。为什么会出现这样的情形？因为员工的直接领导，那个乐于与员工进行嘉奖和加薪谈话的人，拒绝履行这最后的职责。毫无疑问，解雇一名经验丰富、表现优秀的员工对领导来说可谓工作中最艰难时刻之一。他认识员工的所有家庭成员，知道他们还在偿还房屋贷款，还有一个正在读书的女儿。领导会觉得这样的谈话从情感上来说，对他们是一种过度的负担。一项调查表明，如果领导必须执行解雇谈话，统计数据显示他们面临心脏病的风险会大幅提高。即使如此，还是有办法可以降低这种风险的。与人事部门进行相关的联系，预约外部培训师或借助实用书籍来进行准备。执行这样的谈话意味着在最后对员工进行一次正式的、充满人情味的解雇谈话。但这需要坚定的信念和良好的准备。下面举一个实际的例子。

一家公司确定要进行裁员。解雇当天，相关人员获得通知，在其中某一个部门，人事部门负责与 3 名员工进行了解雇谈话。在这些人整理自己的私人物品时，其他同事茫然地盯着自己的电脑，沉默无言，幻想如果被解雇的是自己该怎么办。领导们统统没有出现。那几位员工静悄悄地离开了，没有人对他们表达正式的感谢，也没有正式的告别。好没有人情温暖！要进行裁员这件事情 6 个月前就已经明确了，却没有一位领导思考过要如何处理此时的情形。对那些离开的，也包括所有留下的员工，这种行为造成了难以磨灭的伤痕。

执行这种解雇谈话是属于领导者的本职工作。如果你能够较好执行解雇谈话并安排相应的告别仪式，会让那些留下的员工感觉可以依赖你。这样的做法能够成就信任关系。

兑现承诺

你是否熟悉下面的情形？某日，在你心情颇佳时对某人做出了承诺，在同一个月，你心里的另一个声音会说："你真的准备这么做吗？无论如何你也做不到的啊。"遗憾的是，这个声音经常是正确的，于是，你只好打破那些承诺。当然，我们会有很好的理由来解释为什么未能遵守承诺，但终究这样的情形非我所愿。我们总会自然而然地为打破承诺并寻找各种托词，实际上，在我们做出承诺的时候就已经知道这样的结果了。事情的关键在于，在做出承诺前要冷静片刻，扪心自问："我能做到吗？我会真的这样做吗？确定吗？"只有当答案是100%肯定时，你才应该做出承诺。否则，你应礼貌地回应别人的请求："对不起，很遗憾我不能这么做。"如果你想要对某人做出承诺（如"我会给你发送一个非常有意思的东西"），先不要说出来，一旦做到了，将会是个意外的惊喜，如果没有做到，也算不上不守信用。上级喜欢在年度谈话中向员工做出承诺，如加薪或升职，而后又会以预算短缺或缺少职位为由打破自己的许诺。这样做会降低领导的信用。

每次当你做出承诺，最终却无法兑现时，即使很小的事情，别人也会在你的诚信账户上记上一笔，直到某个时刻你的信用跌为负值，也就无法再次获取他人的信任。同时，你也在自己的诚信账户上做着加减法。自信来自对自己的信任。你知道自己言行一致时，你才能够信任自己。在向别人做出承诺前，为自己立一个"停止"指示牌。

我认识的一位大型联合企业的女主管，就能很好地运用这个"停止"功能。在某些困难的抉择面前，她给出承诺之前甚至会给自己一整天的时间进行权衡。大多数情况下，短暂的思索并不会使人烦恼，因为人们知道她是在充分考虑她的能力与相应的结果。然后，一旦她做出承诺，她就会倾尽自己的全力使之实现。对她，我给予全部的信任。另一位我非常推崇的经理人也很少做出浮夸的承诺。我经常会听他说："我试试看，看能不能做到。"结果第二天通常都会得到我想要的结果。对他我也同样非常信任，而且据我所知，与其共事的其他人也是同样的感觉。他很少承诺，但总会使之实现！这样，他就会经常制造出积极的结果从而铸就信任。

保守秘密

当一位同事向你解释某些事情时，同时又告诉你："实际上我不该对你讲这些事情，但我非常信任你。"你有何感想？人们可能问，为什么这件事情他不应该讲。一般来讲，理由经常会是他对某人做出了承诺。这样你也就知道了，此人无法保守秘密。同时，这位同事做出了一个没有意义的假设：尽管他自己无法保守秘密，但是他认为你不会将这些秘密的信息继续传播。

但在有些情形下，把这些"秘密"传递开来是有意义的。例如，澄清一些显而易见的误会，或者避免一些可以预见的损失。这样的情况下，你可以去找到你所信任的人，告诉他，因为什么样的原因，你准备把听到的内容以什么程度告诉什么人。你也可以不用去征求别人的意见，自己做出决定。当某人出于信任对你说"不要告诉别人"，同时告诉你一些你根本不想知道的事情，或者将你置于一种非常尴尬的位置时，你可以立即公开地表示拒绝保守这个秘密。

业绩不佳或行为不当要当面沟通

如果一位员工业绩不佳，那么上级应该把他叫来进行一次沟通。在沟通中要告诉员工你观察到的问题，以及此情况会对员工产生的影响，要避免进行指责与评判。在沟通的最后，上级可以以一种亲和友善的语气询问其理由，也许存在某些上级应该知道的私人或工作上的困扰，也许员工需要某些支持，但是又不敢明确、公开地进行沟通。有些领导会一再推迟这样的谈话，直到员工的个人表现达到团队的最低要求。这种情况下，也就失去了进行类似谈话的必要。“现在一切恢复正常了，团队已经扭转了局面”，缺乏领导力的领导者经常会这样自我安慰。但在精益组织原则下，这样推迟谈话的行为会对整个团队造成巨大的负担，而且最后，这种底线的业绩表现可能仍然是无法达到的。

对严重的行为不当，领导者也应该及时进行面对面的沟通。员工对领导者在什么情况下有何种反应有着非常准确的认识。例如，在骚扰事件中，大多数领导者在被工会告知他的部门有一起骚扰事件时，都表现出吃惊的反应。他们都是第一次听到受害者的名字，但得知他就是在会议上或其他场景下已经几次引起了注意的那个人的时候，也就不会觉得奇怪了。

在此情况下，要展示出谁才是真正的领导者。当穆勒先生在会议中当着领导的面对受害者进行语言攻击时，领导可能想“罢了，也没那么严重”，于是未加管束，因为领导希望尽量避免冲突。但领导也可以在会议结束后，公开要求穆勒先生多留下几分钟，面对面地询问，在说刚才那些话时，他到底是怎么想的。穆勒先生如果解释说刚才所发生的只是玩笑，那么领导可以用简短坚定的话语和直接的目光交流向他清楚地传达，这种类型的笑话在自己的管辖内不被允许。如果领导态度严肃，穆勒先生必能清楚地领会！尽管是两人的私下交谈，但大多数员工都能够想象出正在会议室发生的一幕。他们就会明白，这里存在着一个禁区。

领导通过自己的反应与行为标准，员工会注意到，哪些是被允许的，哪些是不可接受的。因业绩不佳或行为不当而进行的谈话，对谁而言都不怎么令人愉快，但这是领导的职责。领导者可以将其视为挑战。如果在员工业绩不佳时，领导者给予诚实的意见和适当的帮助，在员工行为不当时，设定出清楚的界限，那么，你等于是为员工提供了正确的领导。这种领导的责任令人不快，但它能够构建信任，甚至包括那些受到批评的员工。

切勿背后议论他人

领导者不该在背后议论他人。对不在场的人说三道四，第二天他也会对当天不在场的人品头论足。如果上级因某人而觉得困扰的时候，应该与其及时进行直接的私下沟通。更进一步的要求是，当别人正在传播流言蜚语时，领导们不要主动参与其中。如果有人在你在场的情况下议论他人的行为，故意抹黑，你可以这样说："我听说，他的行为让你感到困扰，为什么不直接找他，而要找我来谈呢？"如果员工在缺乏合理解释的情况下拒绝这个提议，你可以简单地回应他："看来这并没什么大不了的。"而后不要过多纠缠，马上转换话题。这样就会传递一个明确的信息："在我面前不要背后议论他人！"如果你做到了言行一致，那么员工就会明白，你对公开的意见交流持有支持态度。如果那个抹黑别人的员工回答说，他实际是准备就这个问题与当事人沟通的，那么你此后可以偶尔地询问他，他是否已经这么做了。

当然，这种建议并非放之四海而皆准。例如，当某位员工在你在场的情况下，讲述一位同事的可笑经历时，你也并非每次都要像卫道士那样挺身而出。另外还有一种可能，就是你隐约觉得这位抹黑他人的员工行为不端，抹黑行为本身只是深层矛盾的冰山一角。若如此，你当然需要亲自与这位员工交流，尝试找出这些恶毒言论背后的原因，而不是简单打断他的谈话。

第2章 认清并利用自己的优势

多数人相信，他们知道自己擅长什么事情。但这种认识往往是错误的。人们更能准确把握的是，自己不擅长什么事情。对这些不擅长的事情，大多数人又喜欢自欺欺人。

——彼得·德鲁克（管理学大师）

为确保长久的成功，了解自己的优势必不可少。没有人会怀疑这个说法，在现实中我却一次次断言，让人们说出自己的优势是多么困难，即使那些经验丰富的领导者，情况也是如此。原因在于，很多人对此根本没有认知。回答这个问题时，人们经常用目前的工作职能来回答。许多人认为自己善于某事，仅仅因为他们经常做这件事情，但这并不一定是正确的，其他人可能能够更快更好地完成同一项工作。多数情况下，经理们缺少一个可以比较的标尺。除此外，他们可能拥有某些在目前工作中完全无法发挥的特长。作为领导，你如何认清自己拥有哪些优势呢？在这一章中我会为你解答这个问题。

彼得·德鲁克，现代管理学的奠基人与卓越的思想家，早在几十年前就已经指出，真正超群的成绩只有在人们依据自己的优势而开展工作的时候才能获得。只有极少数特例能够做到弥补自己的短处，改善自己的弱点。更好的方法是，考虑以优势为导向，根据自身的优势来确定职业。这个原则你在中学的时候就已经懂得了。一个学生如果数学不好，那么人们可以为他提供课后辅导，以此来提升成绩。可能他此后就不再是垫底的那个，并且成绩至少达到了中等水平。在班级中成为这个科目第一名的可能性相对较小。他未来学习数学专业并在此领域取得突出成就的可能性就更微乎其微了。

只有了解了自己的长处，你才能够取得出众的成绩并为事业提速。你的优势是什么？哪些是你拥有的决定性的能力？为了寻求这些问题的答案，我们首先要了解什么是优势。由享有盛誉的盖洛普咨询给出的定义是：

> 优势=天赋+知识+经验

天赋

每个人在摇篮中就被赋予了天赋。你无法通过训练获得天赋或天资，它们是自然所赋予的，或者是先天所形成的。盖洛普的研究人员支持的观点是，最晚到满 18 周岁，所有的天赋都已经完全形成了。哪些人拥有什么样的天赋，已经是板上钉钉了！在成长的过程中，大脑日复一日形成新的神经链接，就是指形成大脑中用以传导脉冲的微路径。对于很多能力，你只形成了极少的神经链接。但是在你具有天赋的领域中，好比修建了一条四车道的高速公路。神经脉冲在这些通道中传导速度格外迅捷，新链接的搭建也格外简便。你也拥有这样一条高速公路！问题仅仅是，你是否将其充分利用了。

这个存在的神经高速公路在你的思想和行为中建造了一再重复的行为模

式。就此，天赋可以定义为：天赋是一种认知、思考和行为的模式，它不断重复，有效建立，以达到某一目标。

举个例子，在你的社交圈子中也一定存在着有这样天赋的人，即社交达人。这样的一个人去某个俱乐部玩了一圈，第二天就已经认识了所有和他说过话的人，包括俱乐部的老板。而且，他也会寻找正确的关系并充分加以利用，自然也就以此获得他所需要的一切。当一个拥有如此天赋的人去修道院，下定决心，一周之内保持缄默时，那么他最多只能坚持一天。第二天他就会打破沉默，到了晚上，已经结识了修道院中的每个僧侣。这就表示，我们的天赋如影随形。无论我们是否愿意，都很难抑制我们头脑中的这条四道高速公路。

一位社交达人表现出了哪些认知、思考和行为的模式？所观测到的行为模式是显而易见的：乐于社交的人不放过任何与陌生人攀谈的机会。这时，认知模式就会为他提供帮助：他首先会获取关于这个人或者周遭环境的正面印象，这就为他进行友好的谈话创造了可能，例如这样的语言：“你戴的手表不同寻常，这是什么款式啊？”“你这里太漂亮了，我多希望我的办公室也有这么宽敞明亮的窗户啊！”就这样，陌生的坚冰迅速消融。

思考模式的一个例子就是那些执行导向的人。他们会不断下意识地自问：“我怎么做才能够获得一个正确的结果？我怎么能将它实现？”有这样的思考模式的人，难以忍受那些包括咖啡、饼干和无穷尽的废话却经常是毫无效率的会议。当一个与会者将其观点多次反复陈述时，一个拥有执行导向思考模式的人就到达了忍耐的极限，开始出现不满的反应，并催促形成正确的具体措施的决议。

你通过实践永远无法达到真正拥有这种天分的人能够达到的程度，因为他们是在下意识地轻而易举地运用所匹配的模式。那些去参加社交课程或关系网络课程的人，其表现永远也无法媲美真正拥有社交天赋的人。

知识+经验

单纯依靠天赋是远远不够的。为了使优势获得充分发展，往往还需要相应的知识（理论）和实践经验。例如，一位外科医生需要平稳的双手和灵活的手腕，而在学习过程中他得到了关于如何进行手术的必要知识。现在，他所缺少的只是经验了，而经验会在他进行了数百次手术后积累而成。只有结合天赋、知识与经验才能成就一位出众的外科医生。天赋在其中是决定性的，因为它与知识和经验相反，无法通过训练而获得。

即使天资过人的天才也需要伯乐发掘他们出众的天分并传授他们知识，而经验会随着时间不断积累。例如，作为领导者，不管天赋如何，你都需要在公司里与员工进行年终谈话的知识（流程、评价体系）和执行一些艰难谈话的实际经验。

此外，在实际中往往很难分辨出什么能力属于天赋，什么能力属于知识和经验。下面的这些能力属于知识与经验范畴，因为它们都是可以习得的。

- 给出建议。
- 主动倾听。
- 发出我是老板的信号。
- 进行员工谈话。
- 制定与调整目标。

例如，某位领导者特别善于给出建议，于是他就会认为这是一种天赋，但给出建议是可以习得的能力而非天赋。如果一个人能够非常轻易地看透别人，那么这可能就属于天赋了，可以把这个能力看作“第六感”。最终，这种能力为给出建议提供了基础。

天赋与知识和经验的结合，将帮助领导者在工作中持续获得出众的表现，特别是，如果领导者将所具备的多种天赋都应用在工作中。一旦你在实际工作中充分利用了自己的天赋，会给你带来游刃有余的感觉。对别人来说历尽千辛万苦，你却易如反掌。

在寻找个人优势的时候，要注意在哪些方面你可以不费吹灰之力地取得优异成绩，同时要考虑，在这些方面你具备哪些天赋。在做出考量时，业余时间和私人生活也应该包含在内。但是不要一概而论。我们以顶尖高尔夫球手，同时也是世界上最富有的体育运动员泰格·伍兹为例。他拥有打击特长球的天赋，并且能几乎完美地演绎推杆。相比之下，在沙坑中击球则能力欠佳，而且不够稳定。你看到了吧，即使世界上最好的高尔夫球手，他的“高尔夫天赋”也要具体情况具体分析。

差异化地看待问题非常重要。人们不能认清自己天赋的原因就在于笼统概括化。我们就以这个说法为例，“我的天赋就是领导别人”，这听上去好像说，有那么一种单一的天赋，拥有这种天赋就能够成为一名优秀的领导者。这种单一的天赋是不存在的。如果它存在的话，人们早就发明出了一种方法来对它进行测试了。相反，存在着很多种天赋，可以用来完成领导工作。而且，对于不同的领导岗位也会有不同的天赋需求。一位从总公司调到迅速成长的分公司的领导者所需要的天赋，与一位拯救子公司于破产边缘的领导者是不尽相同的。当然，原则上来说他们都应该具有出众的领导力，这正是本书谈到的。但是，在因快速成长而有点头绪混乱的公司中，领导者所需要的可能是比如“分析思考”的天赋，以便能够搭建框架。另外那位身处水深火热中的领导者可能更容易从“执行力”的天赋中获益。因此，存在多种不同的天赋，领导者可以加以利用。

领导者的个人优势速写

首先要弄清自己的天赋、知识和经验。即使缺乏惊人的天赋，知识层次平平，也能勾勒出一张清晰的优势速写。毕竟只有极少数人拥有像爱因斯坦那样的天资。所有人都有着一份由不同的天赋与他的知识及经验共同构成的属于自己的优势速写。当你找到一份工作，它的要求与你的个人优势不谋而合时，那么你将会非常成功。当然，你也可以考虑，是接受一份和目前职位一样的工作，还是转换到一个更能利用你的天赋的职位。通过更换工作，你可以获得更多的乐趣，并且会让你获得更大的成功。领导者要积极地利用各种天赋！

心理学大师米哈里·齐克森米哈里称，任何一个人，无论是音乐家、运动员，还是经理人，一定可以在某一种活动中达到忘我状态。在这种活动中我们忘却了时间的概念，几小时转眼即过，精神高度集中，完全投入。齐克森米哈里将这种状态称为“心流”。当我们完成了这样一个活动，会感觉精力充沛、心满意足。有趣的是，在这项活动中我们并未感觉到任何幸福感，因为幸福感只会分散我们的注意力。就好比说，当指挥在表演结束后回味刚才的感觉，回想他那完美的指挥时，他就已经结束了全神贯注的状态。

许多人会精心对待能够为自己提供这种心流感受的业余爱好。要获得这种心流，并不要求你具备高超的水平，只要想想那些体育迷和音乐迷，他们时常会陷入这种心流状态中，却并未因此成就世界级水准。天赋不应该消耗你的能量，而是会为你带来心流的体验：工作变得游刃有余，对时间的感觉也完全不同了。

练习

第一步　考虑什么事情对你来说轻而易举。

用一个星期的时间，随身携带一张纸条，每天关注什么活动对你来说最为轻松。特别是当一件事情你不费吹灰之力就取得过人的成就时，很可能这件事情背后就潜藏着你的天赋。将这件事情记录下来。

举个例子：

- 我在什么方面比较成功？

“我接手一个团队，过了一段时间彼此关系格外和谐并且士气高涨，哪怕他们之前士气已经跌到谷底。”

- 什么对我来说轻而易举？

“我可以在任何情况下为团队营造良好的氛围。先前，我认为纯属运气，但实际上是我的功劳。甚至当我必须做出一个令人不快的决定时，总体而言，气氛仍令人惊讶的和谐。”

- 可能的天赋是什么？

“团结团队、创建融合、缓解矛盾。”

第二步　思考一下，承担什么样的工作，你会积极而充满动力。

注意那些工作之外的活动，或者那些你到目前没有做过，但理论上对你充满吸引力的活动。

- 做什么事情会让你忘记时间？
- 做什么事情会让你感到精力充沛？
- 做什么事情容易使你全神贯注、心无杂念并获得心流的状态？
- 做什么工作之后会让你觉得心满意足，充满幸福？
- 想到下个星期的工作时，什么会令你心中欢喜？
- 过去的几个星期，什么工作使你获得了乐趣？

举个例子：

我感觉精力充沛、非常满足，在……

- 我能够解决复杂的问题时。
- 我能够帮助一个人发现他的优势并善加利用时。
- 我就感兴趣的内容获得新知时。

第三步　百万遗产测试。

设想一下，你在继续工作的前提下，继承了数百万欧元的遗产。在这样的情况下，你想要寻找什么样的工作呢？你希望日复一日地做些什么呢？为什么？

第四步　询问周围的人，他们从你身上观察到了什么。

询问一下你周围的社交圈。伴侣和好友经常会提供重要的线索，借此可以找到你特殊的天赋和长处到底在哪里。自相矛盾的是，我们的天赋往往不会引起自己的注意，因为我们利用天赋所做的工作并没有真的能够那么轻而易举地完成。另外，我们经常不断重复的认知、思索和行为模式对第三者来说却格外显眼。

第五步　整体评估。

如果你觉得已经获得了足够的提示，就着手建立个人的优势速写。将你所有的天赋、知识和经验结合到一起，并写下你在未来愿意为之付出的 3 个具体活动。重要的是，你对这些活动充满热情而且又能轻而易举地完成。

第六步　具体考虑下一步工作。

考虑一下，以上 3 个活动如何能在未来与你的工作融合到一起。做出第一步的规划。

如果你能够通过这个练习找到一个以前未曾意识到的天赋，并且这个天赋可以与你的生活相结合，那么阅读此书的时间你就没有白费。

重要的一点是，在分析自己的天赋时你应该认识到，在某一项工作中缺乏天赋并不代表缺点，顶多只能算不擅长做这项工作而已。每个人的天赋都是有限的，它们使你比他人更适合、更善于处理某项工作。但对世界上存在的大多数工作而言，人们往往只能达到平均甚至低于平均水平。但这并不是什么缺点，而是由自然决定的，是人们必须接受的事实。当然，如果你正在做一份你完全不具备天赋的工作，那将会是一件非常糟糕的事情。因为你既不能取得成功，也不能获得幸福。毕竟，人们不能安排国际顶级厨师去出任球队的前锋，然后告诉他："这家伙不适合当前锋！"这个人是厨师，而非足球运动员啊！这个略嫌夸张的例子正说明了上面的原则。因此，领导者认清自己（及员工）的长处，进而选择正确的工作是非常重要的。

过犹不及

一个经常被问到的问题是，人们能否过度表现自己的优势。换个问法就是：过度的优势是否就成了缺点？答案是否定的！例如，一位领导者感情敏锐，那么这是他的一个优势，因为他能更好地理解员工。但当他过分地表现出了这种敏感，那么这位领导者可能对行为不当表现出过度宽容，同时没有设置必要的界限。那么，领导者应该控制自己的情感认知吗？这是一个纯理论性的问题。当一位领导者拥有这种"第六感"的天赋时，他就只能表现出敏感，除此无他。他无法否定或者削弱自己的天赋。但他可以强化其他方面。舒尔茨·冯·图恩为此绘制了价值与发展矩阵模型。它表示的是任意的价值与美德都需要一个积极的对立面来进行平衡，以此来避免过度的行为，如图2.1所示。

敏感的对立面就是自我需求和利益的认知与维护，过度表现敏感的领导者就会发展出这样的对立面。他并不需要弱化敏感这一正面的性格，而是可以继续加以利用。

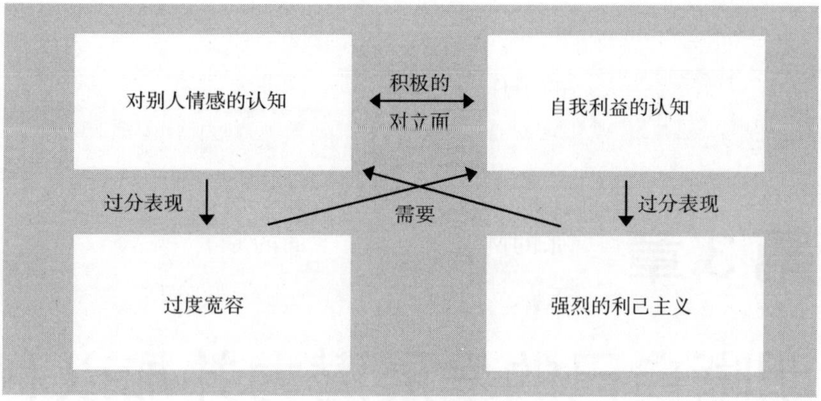

图 2.1　价值与发展矩阵

这一积极对立面模型可以适用于所有的美德和众多的天赋。在图 2.1 上面的两个方框中是两个积极的概念，在下面的两个方框中是相应的过度表现的结果。任何一个积极的特征都需要一个积极的平衡力。永远也谈不上在某一边拥有太多，而是在积极的对立面拥有太少，这恰恰是可以通过发展加以弥补的。此原则同样适用于你的员工。

第3章 明晰自己的发展潜力并加以利用

你必须每天做出决定，由谁来为你的领导承担后果：你自己还是你的手下。

——凯文·雷曼（美国经济顾问、作家）

如同寻找自己的优势一样，很多领导者也不善于发现自己的不足。让接受面试的领导者说出一个自己的缺点，得到的答案常常是“缺乏耐心”。这是个经过婉转化表达的优点，意思是此人干劲十足、精力充沛且思维敏捷，如果那些效率低下的员工无法跟上他的步伐，他便表现出不满和烦躁。抛开这个让人事部门欲哭无泪的陈词滥调，很多领导者其实并不知道他真正的不足到底在哪里。

然而大多数员工知道问题的答案，他们对领导者缺点的认识比领导者本人还要透彻，要么你曾经自食恶果，要么这些员工曾经深受其害，这正可以和本章开篇的引文对照理解。本章就是要讲如何认清自己的劣势及发展潜能。研究自己缺点要始于一种古老的美德——谦逊。

谦逊是一种认清自身软弱面的勇气

著名的本笃会修士——神父安塞姆·格林博士致力于研究神圣的本笃会对它的管窖人（管窖人是本笃会中对财务状况负责的人。——译者注）提出哪些要求。管窖人是修道院中财政经济的管理者，按照今天的话讲，他就是修道院的经理人，而修道院院长只是精神领袖。安塞姆·格林这样描述谦逊的态度："谦逊的意思就是应该认识到自己的脆弱和反复无常，应该承认，人就是人，会不断地遇挫跌倒，人生往往不堪一击。"因此，谁能正视自己人性中的不足，就不会自恃过高，从而更能通情达理，领导者就不会在公司里举止傲慢，对员工趾高气扬，而是表现得体恤又亲和。"

奥地利作家海尔曼·巴尔也持有类似的观点，他说："谦逊最终表现出的就是一种洞察力。"每个人都会有不足和缺点。探寻自己弱点和底线并坦然接受的勇气会使你对自己获得双重的认知：你会表现出更加自信的举止，对自己有更清醒的认识，也会给别人一种非常自信的印象。如果你能够对看到的弱点及由此而来的底线不予回避，而是勇于接受并融入自己的生活，这样会彰显你的个性特点。不要为保持体面的形象浪费太多精力，也不要对暴露自己满怀恐惧。领导者倾向于掩盖自己的恐惧及其他不足。这与我们头脑中的观念息息相关，完美经理人的形象应该是充满魅力、时时心情愉悦并且精力充沛的万能人。在这样的形象里，恐惧与缺点显得格格不入。但只有你对它们有了清楚的认识，才能够培养与展现出大多数领导者所希望的那种人性的真实。谁能够坦然承认自己的不足，谁就更能从容地看待别人的缺点和批评。你会变得更加宽容，并且一定会由此获得更多威信。认清自己的不足利大于弊。

真正的缺点

领导者谈论不足的时候，经常会从缺少某种经验或缺乏对某事的了解这层意义来解释：

- “我的工作生活没有达到很好的平衡，我本应该处理得更好。”
- “我得加强英语学习。”
- “我开会的时间总是很长，我怎么能够提高效率呢？”

真正原因不是这种显而易见的某种经验缺乏，而是那种根植于自身的不足。但有谁曾经严肃地自问：“我在性格上有哪些缺点？”“什么是我性格中的缺陷？”

实际上，这样做是有价值的。当你从批判的角度对自己进行剖析时，你可以获得的益处就不局限在工作当中，还包括私人生活领域，而且作用很大。

说易行难！关于人性中存在的弱点，最大的问题是多数情况下我们没有有意识地去认知它。它深藏于潜意识当中，但生活会令其显现出来，我们不得不直面它。如果仔细留意，你可以通过自己的力量发现其中一二，特别是当你关注自己的各种情绪时。人类拥有 6 种因基因遗传而形成的主要情绪，与之相关的面部表情在世界范围内都极其相似。这些情绪分别是喜悦、悲伤、恐惧、愤怒、惊讶和厌恶。对个人的自我认知而言，最为有趣的当数愤怒和恐惧。愤怒比恐惧占有更重要的地位，因为我们宁愿让别人看到自己的怒火，也不愿让人察觉到恐惧，很多领导者会压抑自己的恐惧情绪或部分将其转化为愤怒的形式。

对别人发怒，从某种程度上就揭露了这个人。特别是，如果你勃然动怒，与造成怒气的人相比，这种情绪的出现更多源自自身。往往是基于个人的评判准则，人们潜藏的基本信念或内心的某种压抑造成突然的暴怒。要把这些时刻视为学习的机会。问一下自己，为什么会表现过激，这与你自己的性格有着怎样的相互关系。

接下来，我会提供几种解释机制，它们与性格息息相关，并且关注超常规暴怒。掌握自身性格与发怒之间的相互关系会令你更易于进行自我观察。在心理学上当然还会有很多其他方法来解释这种行为。但这里呈现的是领导者最常使用的，而且可以清晰地展现出自己领导行为造成的结果。一旦你发现，自己因为某人或某事而生气，就要自问，你是否符合其中的某一种机制。这些机制无法在短期内带来什么改变，但这种有意识的行为使更好地认知自我成为可能，并会为你提供新的行为选择。

对自己和其他人情感的认知

领导者通常或多或少地对自己或身边其他人的情感认知持否定态度。单单是“情感”这个词出现在工作领域中，就足以使不少领导者浑身起鸡皮疙瘩。很多人还会想：“情感是属于私人生活的，与工作无关。”谁说到情感，马上会给人留下“软弱窝囊废”的印象。你是否希望自己成为一位能够敏锐感知情感并诉诸语言表达的领导者？真的不想吗？其实，你应该怀有这种愿望，因为这是高情商（EQ）的先决条件！

按照使 EQ 风靡起来的丹尼尔·戈尔曼的观点，情商是一种能力，它让我们感知自己和他人的情感，进行自我激励，并以良好的情绪与自身及周遭和睦相处。想要认知别人的情感并做出恰当的举动，其前提条件是，首先认知自己的情感。图 3.1 展示了情感意识的级别。

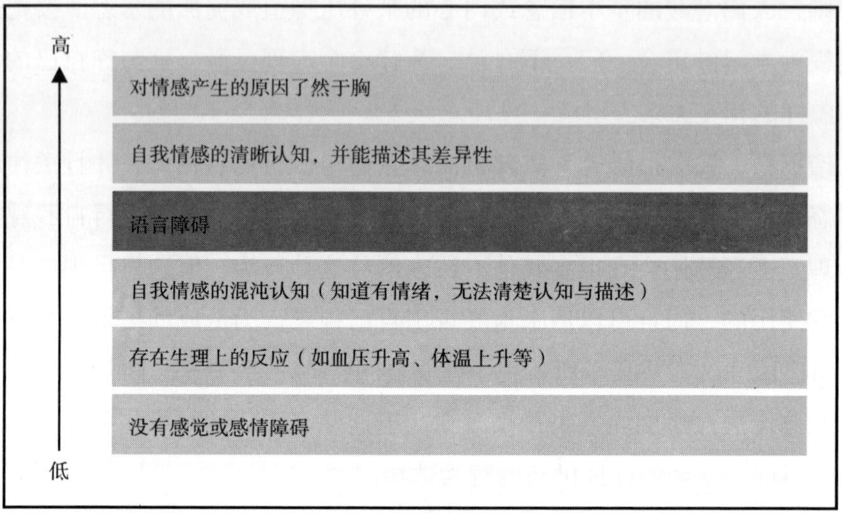

图 3.1　情感意识的级别

有些人能敏锐地感知自己的情绪，用语言加以描述，且清楚触发的原因；其他人尽管注意到了一些生理变化，但是不能或者只能模糊地指出引发这种变化的情感。很多领导者的情感世界存在于图 3.1 的下半部：语言障碍之下的部分。他们无法认知自己的情感，无法用语言进行表达。当他们谈论情感时，可以提及的仅仅是 6 种基本的情绪：喜悦、悲伤、愤怒、恐惧、惊讶和厌恶。对于其他情感，则难以捕捉并诉诸语言。例如，许多人将不同程度的情感不适状态一概称作“悲伤”，尽管它实际感受到的可能是孤独、失望、绝望、负罪、不满或痛苦。但他们不具备这种分辨情感并用语言表达的能力。

如果你处在情感认知的低级别，如果确实愿意，你可以大幅改进自己的认知能力。许多领导者不愿意这么做，因为他们看不到它的价值。这就引出了下一个问题：更好的情感认知会为你带来什么？对你来说有哪些好处？

答案是：你会成为更优秀的领导者！不能认知、理解并与自己情感保持和谐的人，也就难以处理他人的情感。感受他人情感的能力可以区分出你是在进行人性化的管理还是机械化的管理。对情感的敏感认知能帮助你更好地依据形势进行领导，就像下面的例子所展示的那样。

经理批评了一位女员工。在谈话期间，她开始哭泣起来。经理因此感到很大的压力，并觉得恐惧和无助，因为他不知道，该怎么处理这种情况。在这里，存在两种不同的应对方式：

1. 尽管经理感受到恐惧和无助，但是知道如何处理这种情绪。他主动认知这种无助感并且接受它。即使无助，他也努力感受员工的情绪。他察觉到，她哭泣的原因并非是受到批评，而是一种深层次的忧伤的标志。他设身处地地为她考虑，递给她一张纸巾，静静等待，直到她恢复平静，然后问道："你为什么那么伤心？"

2. 一般情况下，经理会抑制自己恐惧和无助的情绪。但眼下的情况是，这些情绪具有压倒性的统治力。可经理不希望自己觉得无助。他会想："她怎么能这么干呢？就不能控制一下自己吗？"他一心只为自己。他不能，也不想去为员工考虑。他关注自我，不会去感知员工的忧伤。他那受到排斥的无助感转变成了勃发的怒气，并且对她说道："我也没说你什么，你快点冷静下来。"

那位女员工会对上面两种情景做出怎样的反应呢？我们假设，这位员工家中有位重症病人，这给她带来了沉重的压力。她感到失落绝望。而今天，领导又对她进行了批评。这些对她来说压力太大了，于是失控流下眼泪。当领导像第一种情景那样表现得通情达理时，她也许解释什么原因令她突然崩溃。于是，经理就可以在这样的情况下调整自己的行为。他明白了，批评并非她哭泣的原因，而只是导火索，于是通过暂时的工作调整为她减轻了负担，并且给予她额外两天假期，以便她能更好地解决家里的事情。她在离开时，必定心情放松并满怀感激。这位领导通过他的行为建立了信任关系，不仅是与这位员工，还包括整个团队，因为她会告诉其他同事，领导是多么通情达理。如果他像在第二种情景下那样表现得冷漠而轻蔑，那么员工很可能表示歉意，然后怀着痛苦离开。她仍要独自承担一切问题。领导也就错过了一个表现自己善解人意的机会。

在上面的第二种情景下，领导将恐惧的情绪转化为了怒气。在转化的同时，也存在着压抑自己感情的可能性，拒绝认知并接受自己的情感。

这种对自己情感的压抑可能造成 3 种严重的后果：

- 经常性地压抑自己的情感耗费精力。当你不知不觉将过多精力用于压制自己的情感时，你对员工表现怜悯之心的能力就会大大减弱。
- 压抑的情感不会消失于无形，而是作用在身体上，并随着时间的积累而引发疾病。例如，长期抑制疲劳的感觉，总会有精疲力竭的一天；经常压抑自己的怒气，胃溃疡发病概率就会升高；否定自己的恐惧，则会深受失眠困扰。这 3 种症状正是在经理人中广泛存在的。
- 长期压抑自己的疲劳、恐惧和愤怒情绪的人，会随着时间的推移逐渐麻木。这会影响人的整个情感生活，意味着人们在好事面前也难以获得喜悦的心情。

自然赋予我们感知的能力绝不是毫无道理的。情感能帮助我们更好地生活，它们能向我们展示尚未渗入我们意识的东西，在必要的情形下往往会给我们以警示。研究得出结论，我们遵从于感性做出的决定经常好于遵从理性做出的决定。此结论并不是说要用感性替代理性，而要两者兼顾。众多经理人倾向于仅仅依靠理性层面做出决定，置情感生活的重要意义于不顾。要把两者紧密结合起来。为达此目的，很多经理人需要训练他们的感知力。下面的练习就可以提供这样的帮助。

练习

1. 训练认知自我情感的能力

经常停下来问问自己，刚刚发生了什么，你有什么样的感受？你能察觉到什么？如果无法讲出某一种情绪，你至少能分辨出，你所感受到的是正面情绪还是负面情绪，你觉得它使自己的能量得到了提升还是削弱。

作为提示，下面先罗列了愉悦的感情，后面是令人不快的感情。

愉悦的感情：激动、和谐、自由、愉快、陶醉、感动、平静、精神饱满、感恩、精力充沛、投入、果断、放松、神清气爽、满足、感同身受、放松、被鼓励、充满期待、令人着迷、自在、平静、欢乐、机智、镇静、舒适、心情愉悦、衷心、受鼓舞、充满力量、充满活力、轻松、含情脉脉、喜悦、有动力、勇敢、好奇、乐观、安宁、自我肯定、知足、没有烦恼、骄傲、荣耀、惊喜、无忧无虑、坚定、热恋、热心、胸怀宽广、温柔、满足、自信。

令人不快的感情：支离破碎、恐惧、恼怒、紧张、毫无怜悯、多疑、精疲力竭、羞愧、沮丧、惭愧、担心、忧虑、失落、灰心、阴郁、嫉妒、孤独、愤慨、气馁、失望、气竭、惊愕、懒惰、受挫、压抑、厌倦、卑鄙、冷淡、怀恨、慌乱、无助、冷漠、缺乏兴致、猜忌、疲劳、焦虑、痛苦、伤心、羞怯、震惊、负罪、富于攻击性、悲伤、急躁、不满、苦恼、受伤、迷失、绝望、迷惘、恼怒。

2. 找到你自己性格中受到压抑的部分

注意观察，别人的哪些行为会令你特别愤怒，特别是那些令你马上产生激烈反应的行为，很可能，这个人就触动了你性格中被压抑的部分。理性的人特别容易对感性的人生气。整洁有序的人往往难以忍受不拘小节的人。一个人的生活循规蹈矩，就无法忍受偶尔的无法无天，就像常说的那样："我不干的事情，别人也不许干。"因此，你在对别人生气的时候要问问自己：为什么我会这么容易生气，而且如此愤怒？到底是什么使我暴怒？这是不是一个我不能允许自己去做的行为？

用观察的能力取代评判的能力

人与动物的区别在于人类可以通过思考对自己的情感产生影响。人类拥有就某事进行思考与判断的能力。反之，又会因做出的判断而产生情绪。有些时候我们心情不佳，却没有意识到，正是我们自己造成了这种情绪。

2000 年前，希腊哲学家爱比克泰德曾经说过："并非事务本身，而是对事务的看法造成了人们的烦恼。"就此，说一个日常管理中的例子。

你走在走廊上，大厅中间有两位员工正在谈话，两人都向你问候致意，你礼貌地回应并从他们身边走过。余光所至，你看到其中一人倾身附耳对另一人讲了些什么，两人看着你笑了起来。你有何感想？图 3.2 反映了这个过程。

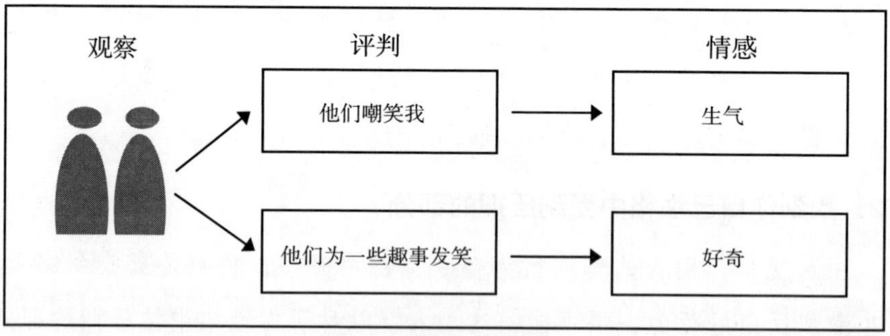

图 3.2　评判和观察

我描述的这个小场景纯粹是一种不含感情色彩的观察。但是你所想到的，很可能成了一种判断。大多数领导者会想：“他们在笑我，他们是拿我开涮呢。”其结果就是，他们会感到气愤。但也有一些领导者，他们没有对这样的情形进行曲解，而仅仅停留在观察的层面：“其中一个在给另一个讲好笑的事情。”这两种不同反应的区别会在后续的行为中得到体现。如果领导者将所观察到的以负面的影响与自己关联，那么对那个自己臆想中的诽谤者，他可能想：“等着瞧吧，朋友。下次开会我让你知道，没人能嘲笑我。”说到做到！在之后的会议中，他当着整个团队的面将那个员工大加批评。当事人完全莫名其妙：“我招谁惹谁了。”他无论如何也无法将这次公开的训斥与几天前走廊的偶遇联系起来。实际上，他当时只是在给同事讲一件非常好笑的事情，与老板毫无关系。老板路过的时候，他暂时停了下来，只是为了过一会儿能轻松地把包袱抖出来。他们都看着老板，仅仅是因为走廊里没有其他人，而他们总要看着些什么东西。

那些将所观察到的东西以负面的影响与自己相关联的领导者，会因此而破坏自己的情绪，那些能够不添加感情色彩理解自己的观察的领导者则不会怀有负面的情绪。在这里，自信肯定也扮演着重要的角色。那些成功而自信、受到团队尊敬的领导者比那些缺乏自信，与员工关系不好的领导者更容易客观地看待观察到的事物。

人类就自己所观察到的事物进行评判，这是不可避免的。重要的是，要不断提醒自己，我们的评判只代表了对实际情况的众多解读中的一种！但很多人会错误地认为，他们的判断与实际完全一致，从未对自己产生过怀疑。判断往往是轻率的，而思考会告诉你，对所观察事物的解读存在其他的可能性。此外，如果你能够迅速地与当事人进行沟通，尽可能不含主观色彩或隐含责备地表明你所观察到的及其所引起的困扰，很多情况马上就会得到澄清。大多数情形只是一些可以一带而过的误会，就像上面的例子那样。

我们来做一个小测试。下面的说法是属于观察，还是属于评判呢？
“他在演讲的时候非常紧张。”
往下看之前仔细想清楚，这个问题的答案就在“练习”的后面。

练习

1．测试一下你的思维方式。中午的时候，独自坐在公司食堂或其他人来人往的地方。观察其他人，同时关注自己的思维。看看你做出了多少判断？

2．设想一个艰难的处境，某位被你视为拥有极大权力的人在此情形下会做出怎样的评判，并如何做出反应。你也可以设想一下那些伟人会怎么做，如圣雄甘地、马丁·路德·金。

答案揭晓：在“练习”前提到的那句话是一个评判。观察通常是指具体描述某人看到的或听到的。针对上面的评判而进行的描述应该是：“在整个演讲期间，他不停地摆弄手上的铅笔，并且经常转换支撑腿（观察），这使我感觉他非常紧张（对观察进行的评判）。”

信念与烙印

孩提时代，父母向我们传输他们的世界观。一些基本观点不断重复出现，并因此在潜意识中成为我们的信条（我们相信的话）。经常从父母那里听到“生活是艰难而不公的”的人，可能对自己的生活怀有极端悲观的认知，甚至可能去寻找支撑这一观点的经历。那些听到相反信念（生活会善待你，尽管有时看上去并非如此，它终究盼望你好）的人会对事物有完全不同的认识。如果父母总说："大多数人是值得信任的，但人不可以太天真。最好依靠你内心的感觉。"这句话所产生的影响与下面的一句必定不同："不要相信任何人。要时刻保持警惕！"负面信念的例子包括：

- 我不值得被爱。
- 我是负罪的。
- 我不够好。
- 我必须永远礼貌、和善、乐于助人。
- 我必须对自己狠一点。

这些信念带来的一个重大问题是，在我们长大后，它仍然会控制我们及我们的认知，尽管我们深知，这些观点不能一概而论。我们假设，一对父母很少给予自己的孩子正面的评价，相反批评声总是不绝于耳："别乱动，别干这个，别干那个……"只有当孩子满足了父母的期待，如取得了好成绩的时候，才会赢得家长积极的反应。那么，这样的经历很可能会在潜意识中形成如下信念："只有在取得成绩的情况下，我才值得被爱。"这就可能会使这个孩子在长大后一味倾向于工作，而忽视家庭，因为他承受着必须取得成绩的压力。这样就会形成冲突，大脑告诉他："你要多花些时间在家庭中，家庭是你生活的重中之重。"但是他受到了信念的摆布："只有在取得成绩的情况下，我才值得被爱。"这个信念使他无法减少工作时间，尽管他怀有这样的良好愿望。他会觉得内心处于分裂状态，却又无法解决这一冲突。在日常的管理中，这样的信念会使领导者对缺乏业绩的员工用减少"关爱"的方式来惩罚他们，而不是通过积极的对话或雪中送炭的方式为他们提供帮助。这只是众多例子中的一个，尽管它被大幅简化了，却仍然能阐述出信念的基本机制。

如果主动对这些信念进行思考，那么你不会得到什么有用的东西。应该观察一下自己的生活，看看你每天是如何做事的，这样你就能认清自己的实际信念，因为它们都会体现在你的生活环境中。

很多人并不知道自己身怀这种信念。如果一个人终其一生都在无意识中背负着某个信念的烙印，你觉得它会产生怎样的后果？领导具有这样的信念对于带领员工具有怎样的意义？

例如，那些深信自己“负罪”的人作为领导者，容易受到负罪感的控制。那些相信“我必须对自己狠一点”的人，也会对员工提出过度的要求。负面的信念影响的不仅是自己的人生，也会持续给你的领导行为带来负面影响。

练习

1．这个练习会为你认清自己的信念打开一道闸门。在一个安静的环境中，坐在一把舒适的椅子上，做一些真正使你放松的事情。当你觉得自己进入了内心的平静状态，拿起这些写好的句首，用你想到的内容将其补充完整，并诵读出来。此练习需要你给予自己充足的时间。

生活是……

世界是……

我是……

人类是……

我不喜欢自己的地方是……

我不能……

我支持……

每个人都应该……

……很重要

我确信……

经常……

2. 在你对自己的行为感到吃惊，难以理解的情形下，是哪条潜藏的信念在无意识中控制了你的行为。你要将自己的生活作为一个整体来进行观察，你是如何生活的，周围的社会环境是怎样的，这些是寻找自己信念的最重要提示。

第 4 章 提升自己的满意度和幸福感

弥留之际，谁会为那些未完成的工作而感到后悔呢。

——史蒂芬·柯维（美国顶级管理学咨询师）

“活在当下”的意思是把握今天，勿为明天忧虑！我们应当积极乐观地生活。是选择享受生活，还是选择每日忧心忡忡，这是一个人每天都要面临的抉择！尽管从表面上看，身处的环境决定了心态，但实际上自己才是真正做决定的人。美国著名哲学家梭罗早在 150 年前就写道：“我希望汲取生活的点滴精髓。”很多领导者已经失去了这种把握今天和吸收生活精髓的能力。本章将解释这种现象的原因，以及如何重新认识周遭的环境，提升自己的生活质量。

对财富、认可与幸福的追求

我们的社会及无所不在的广告语向我们暗示，如果愿意，我们可以获得想要的一切：你能够取得成功。你能够享受健康的生活。你能够拥有一位情投意合的伴侣。你能够培养出幸福又聪明的下一代。你能够得到亲密朋友。你能够变得富有。你能够开豪车住豪宅……而且，是同时拥有这一切！现实可并非如此。同时拥有一切是一个令人热衷的幻想！但终究只是幻想。你认识那种事业取得骄人成绩，家庭关系和睦，有大把时间与孩子相处，能够坚持体育锻炼，定期与朋友碰面，爱好文化，游历众多国家，每日晨昏自省，外语能力出众，积极投身公益事业，还能保持每天 8 小时睡眠的人吗？肯定没有，因为这根本就是玩笑！即使如此，我们还是对这种理想趋之若鹜。要达到这种理想有什么办法吗？

大多数人相信，财富就是这个问题的答案，至少，通过其行为可以判断，他们就是这样想的。

诺贝尔经济学奖得主丹尼尔·卡尼曼与经济学家阿兰·克鲁格曾经就收入与幸福感的关系进行过研究。研究结果表明，尽管更多财富会带来更多幸福感的设想广为传播，但通常只是一种想象。只有对那些薪资微薄的人，更多的收入才能明显提升他们的幸福感，因为这样他们可以负担那些为生活提供巨大便利或使生活更为精彩的东西，如一辆汽车或一次旅行。但在基本需求得到满足的情况下，按照调查研究的结论，更多的财富则无法使幸福感获得提升。也就是说，他们已经不能通过物质的改善，而只能依赖内心的发展来获取更多的幸福感。

在美国，100 位亿万富翁（按照福布斯财富榜，每位至少拥有 1.25 亿美元财产）与 100 位从电话黄页中随意抽取的普通人的幸福感相比，没有明显的差别。67%的超级富豪和 62%的普通人表示自己感到幸福。即使彩票中奖者，他们的幸福感在开始猛涨之后，最多半年时间也就恢复到了正常水平。达到一定收入后，幸福感不会随收入增加而提高的主要原因有 3 点。

边际效用递减定律

很多人也会把它看作“饱和法则”。经济学家称之为“高斯第一定律”，它讲的是：随着我们获得某种享受的能力的不断提升，其增加的部分所带来的享受则随之减小。你可以设想将炎炎夏日里的第一个冰激凌和第二个、第三个进行对比。拥有一辆汽车会带来巨大的便利，第二辆汽车仍然具有明显的附加价值，相比之下，第三辆汽车能带来的效用就非常有限了。

与别人进行比较

我们总是在与他人的比较中判断自己的贫富。随着财富的增加，我们得以进入另一个社交圈，在这个圈子中，我们再次发现更加富有的人。突然之间我们又会将自己视为穷人。问题在于，我们挣得越多并能够以此来满足更多的欲望时，欲望也在随之不断膨胀，没有尽头。拥有一辆名车的人，会希望自己得到更为名贵的一辆。拥有 20 米游艇的人，会希望换成一艘 40 米的游艇，欲望永不停歇。这表明，我们不仅仅希望自己获得幸福，而且希望能比那些我们认识并与之比较的人更加幸福。可问题是，我们对其幸福感的判断要比他们实际感受到的多。原因在于大多数人总是展现出自己乐观的一面。那位是我的中学同学，她现在事业有成，而且有一位深爱她的丈夫，或者，那位亲和的同事，他拥有一位漂亮的太太，讨人喜爱的孩子，豪宅和游艇俱乐部会员资格。人们也希望获得同样的满足感。也许现在你已经明白，达到一定收入的前提下，幸福感与满足感已经失去了关联。但还是有一些人坚信，两者息息相关。

责任与烦恼

你所拥有的同时也会是你的负担。百万富翁面对每次股市动荡都会心跳加速，名下拥有 7 处房产的人也就需要去解决 7 处房产所带来的问题，甚至即使你雇用一位管理员，也仍然可能因为时不时要面对难缠的租客和超额的维修账单而苦恼。每一件你所拥有的事物，都会带来相应的责任，哪怕只是让它保持清洁或避免被盗。你所拥有的东西越多，要承担的责任相应也就越多。

今后，物质获取已经不能为你提供比当下更多的幸福了，但我们所有人仍然对幸福和满足孜孜以求，问题在于，如何通过别的形式和方法将其实现。

通往满足的道路

很多人尝试通过积累尽可能多的美妙时刻来获取幸福的感觉和满足的状态。这种短暂的幸福感可以来自解决了某个难题、得到了某件一直期待的东西、经历了某些愉悦的事情。这种短期的强烈幸福感的缺点在于其作用难以持久。美妙时刻倏忽而过，人们很快就会将取得的成就置之脑后，那令人兴奋的成功很快就成为过去。这样，就不断需要新的幸福时刻的出现。要想获得这种新的幸福时刻，最简单的办法就是满足自己的物质需求，但消费也无法产生持久的满足感，也让人觉得缺乏实际意义。

不停追求幸福时刻的人，也许从未感到过真正的满足，因为满足意味着自身与那些所赋予的东西，所赋予的环境取得了和谐，由此产生了内心的平衡，并且希望环境保持不变。你何时曾对身边的环境感到满足呢？很多人一生都没有这样的感觉。其原因在于，正如你所知道的，人类的欲望是伴随着收入的增长和社会地位的提高而不断提升的。对所赋予的环境的满足状态是很多人一生都未曾达到的，他们总是认为，自己还缺少点什么。

如果我……我就会幸福、满足了。

- 有一个新的工作。
- 换一个新的伴侣。
- 有一所房子。
- 能够经济无忧。

不要将自己的幸福与外在的东西捆绑在一起，要将其与内心的态度相结合！当时当下，你就有机会感受到幸福与满足，听上去如此难以置信吧。不要等待了，看看周围吧。与世界的其他地方比较一下，作为中层管理者，你已经拥有了“奢华”的生活。很可能你已得到的不是太少，而是太多了。但这并不代表从今天起你就该放弃经济上或其他形式的继续发展。它只是说明，从持续的满足感这层意义上来说，你的幸福不应再与外在相互关联。停止与他人对比，不要羡慕他人所拥有的，要为自己已经拥有的感到高兴。身为人的价值和感受幸福的能力并不取决于身外之物！把自己从“必须拥有”中解脱出来，托马斯·霍恩赛将这种“我必须拥有它”视为贪婪，他建议将幸福与贪婪相剥离。当欲望得到控制时，贪婪也就失去了存活的空间，人们终究可以因很多事情感到喜悦，却并不需要真的占有它们。

练习

1．记录下来，生活中什么事情会令你心怀感激（物质、能力、人、事件等）。然后找出，曾几何时你体会过一段长时间的幸福，理由是什么？

2．每晚入睡前思考一下，今天你对什么心怀感激，哪些时刻与经历令你难以忘怀。这个练习会为你带来喜悦，有力促进自己满足感的形成并且对睡眠益处良多。

时间管理

你是否感觉一天 24 小时太过短暂？无论工作多久，待办事项列表都未见缩短，总有做不完的工作。很多人觉得一天有 30 小时才行。即使有 30 小时，很快也会觉得不够用了。于是，你就要期待一天有 35 小时了。我们还是宁愿按照每天 24 小时来计算。

你可以设想自己身处游戏厅中，手持 24 枚游戏币，每个游戏币代表 1 小时，你可以随意支配。大多数人会如下对时间进行简单的安排。

8 枚币=睡眠

8 枚币=工作

2 枚币=进食（早中晚餐）

1 枚币=路上交通

1 枚币=生活琐事（购物、处理私人邮件等）

你仍然有 4 枚剩余的游戏币。从中，我们能够得出什么结论？

一般职员每周工作大约 40 小时。身处更高级别的经理经常会工作 60 小时，乃至更多。有什么地方可以节约些时间呢？没人愿意并且真的能够停下自己的工作，因为承受着收入的压力，而且工作也能为他们带来快乐。这样算来，工作和路上交通的时间就没法缩短了。尽管你可以减少睡眠时间，但最新的研究显示，经理人长期缺乏足够的睡眠，会对身体健康造成显著的负面影响，并导致工作效率下降。如果不以牺牲生活质量与健康为代价而食用快餐，那么你也很难真正缩短用于烹调和吃饭的时间。因此，对已经使用的 20 枚游戏币而言，问题不再是如何重新分配，而是如何在这些已投入的时间中，提升自己的生活质量并且通过认知的改变来实现自己的满足感。先让我们来看看那剩下的 4 枚游戏币。

要如何使用这 4 枚币呢？2009 年德国人平均每天看电视 3.5 小时。因此，一个典型的德国人，其人生 1/7 的时间都是在电视机屏幕前度过的！你是否也很享受傍晚时光，坐在电视机前放松一下？很多人认为，电视为紧张的工作提供了很好的平衡。事实恰恰相反，在电视机前度过一个晚上，你真的觉得获得了休息吗？你可以在邻居看电视时，从外面观察一下，整个房间不断闪耀着幽暗的蓝光，这对身体和精神都谈不上是真正的放松！每天晚上都看电视代表着一种看似很有意思，其实乏味的二手生活。我们不去体会、领悟、处理自己的生活，而去观赏别人的生活。我认识一些人，他们过着没有电视的生活，并且他们感到自己的生活质量由此得到了明显的提升。很多领导者对怎样消磨晚上的时光已经毫无头绪了，他们忘记了用那些真正能平衡紧张工作的愉快活动来填充自己的空闲时间。

练习

如果你经常看电视，那么我建议你将电视机放到地下室一段时间。在大约 3 星期的渴望期之后，你就会形成新的兴趣与习惯，这些新的兴趣和习惯都明显更加适合用来平衡工作。

此外，你要知道，每天看电视属于一个深度习惯，改变习惯并非易事。马克·吐温曾就此说："人们不能轻易彻底改变自己的习惯，而要循序渐进。"如果那个缠人的习惯吸引着你重新打开电视，不要感到惊奇。把它紧紧封闭起来，并思考一下，你可以利用腾出的时间去做哪些更有意义的事情。

限制幸福的因素

从整体来看，总共有 5 个因素，在它们没有得到满足时，会使我们有幸福被约束的感觉。这 5 个限制性的因素像链条一样相互交织，其中最弱的一个环节决定了整个链条的强度，也就是我们对幸福的感知程度和对生活的满意度。

健康

你是否感觉精力旺盛、生机勃勃？在拥有健康时，我们往往将其视为理所当然的事情。毋庸置疑，健康当属一个限制性因素。这一观念尽管人人皆知，但多数领导者仍然像 18 世纪时伏尔泰所描述的那样："前半生拿命换钱，后半生拿钱换命，结果发现金钱随生命同时流失了。"很多人将健康理解为没有疾病，实际上，它应该指通过充足睡眠、均衡营养和充分运动使身体感觉能量充沛。很多领导者在 3 个方面都存在不足。

自主的时间

你有多少自主的时间与自己喜爱的人共度或独处？领导者经常受到外界的操控，并且由于在私人时间里也时刻保持待命状态，从而给自己和家庭造成了巨大的负担。在非工作时间里，他们会履行作为伴侣、父亲、朋友、俱乐部会员的职责，而这就使他们几乎没有时间享受片刻的平静与放松。很多领导者已经完全失去了做些自我怡情的事情的时间。

深入的情感交流

通过与亲密的人进行交流，你对于爱情、认可、亲近、安全、支持、理解和温暖的需求获得了多大程度的满足？很多领导者在这方面也处于赤字状态。尽管作为中层领导能够从周围得到众多的认可，但这与上面所提到的不尽相同，这是通过与所爱之人的交流获得深层次情感需求的满足。许多领导者没有时间维系旧日的亲密朋友，取而代之的是一个更为广泛的、只能进行友好交流或肤浅客套话的朋友圈。尽管这也是令人愉快的，却无法代替深层次的情感互动。对于很多领导者来说，不仅仅是朋友圈，沉重的工作负担也使伴侣关系遭受了损害，缺乏时间和空间进行亲近的活动和私密的谈话，人们共同生活不再是心灵伴侣关系，而仅仅只能算同伴。

充满意义的工作

工作为你带来几多喜悦？我们每天从事的工作会对幸福感产生重要的影响。当我们对某些事情具备影响力，当我们从工作中看到了意义时，它就会为我们带来满足感。在这方面很多领导者保持着一种良好的状态，因为他们中的多数人对自己的工作充满兴趣，觉得它令人兴奋，与之相连的社会认可度通常也会很高。也许这正是很多领导者最强健的一环，尽管他们中越来越多人感受到一种人性与道德的流失。

安全感

你是否能够在财务等诸多方面感受到安全感？例如，那些薪资低，每日为钱所困，甚至债务缠身的人，其幸福感必定大打折扣。领导者的收入状况通常来说还是相当不错的。尽管如此，他们的财务安全有时也是很脆弱的。很多领导者习惯并必须保持一种昂贵的生活习惯，以便不被那个社会阶层排斥在外。也有一些领导者，特别是年长的领导者缺少工作职位安全感。人们能够做到一直伴随着持续升高的工作压力和重复出现的合理化跨越不断成长吗？与非领导岗位相比，领导岗位的裁撤明显更加迅速。那些裁撤后没能短时间内找到相应岗位的人，很快就会陷入财务危机，存款也许只能维持几个月的支出。即使对大多数领导者来说，这种情景不会出现，可对其现实怀有的恐惧也会极大地限制我们获取满足感！在这些事情上思虑越少，你从主观上获得的安全感就会越高。

联系这些会使我们的幸福感受限的因素，你就能明白为什么希腊海运巨子、亿万富翁亚里士多德·奥纳西斯会说："富人往往只是拥有很多金钱的穷人。"

练习

进行一下自我评估。对于每一个因素，你感觉自己的状况如何？本能地写下此刻的感受。

1_____2_____3_____4_____5_____6_____7_____8_____9_____10

亟须调理 **健康** 身体强壮

1_____2_____3_____4_____5_____6_____7_____8_____9_____10

很少 **自己的时间** 很多

1_____2_____3_____4_____5_____6_____7_____8_____9_____10

很少 **深入的情感交流** 很多

1_____2_____3_____4_____5_____6_____7_____8_____9_____10

很少 **充满意义的工作** 很多

1____2____3____4____5____6____7____8____9____10
很低　　　　　　　　**安全感**　　　　　　　　很高

其中的最低值表示的是你主观上所感受到的限制性因素。

或早或晚，5个因素中你得分最低的那个会越发明显，从而成为你获得幸福感的桎梏。因此，要将你仍然握有的 4 小时时间用来改善这个得分最低的因素。对很多领导者来说，得分最低的因素集中在健康、自主的时间和深入的情感交流方面。此外，如果你在多个方面同时获得了低分，那么你需要权衡一下，是否准备长时间为此付出代价。

练习

考虑一下，针对限制你获取幸福的因素，具体做些什么来改变这样的局面。你希望如何安排4小时中投入在此方面的时间比例？

重拾以往的一些爱好也是颇为有益的选择，下面是一个例子。

一位压力重重的领导者很多年前就开始疏于锻炼，并因此感觉虚弱而焦虑。他多次下定决心要走进健身房，同时要定期慢跑，却从未如愿。如果问他，以前什么事情能给他带来快乐，他的回答是："骑车。"当意识到了这个答案后，他马上就为自己的那辆老古董打足了气，并且养成了下班后定时骑行20分钟的习惯。

既然拥有的时间有限，我们都应该选择一些现实可行的解决方案。不要考虑复杂的计划，不要一次性做出过多承诺。也许，这才是避免半途而废比较保险的方法。

除体育锻炼外，我们可能还会缺失很多其他因素，如令我们感觉充满意义的工作，就像下面例子中的那位经理一样。

在我的领导力讲座中，我结识了一位学习宗教学的领导者。他曾经作为牧师在教堂工作过一段时间，由于在一段特定时期内都不会出现空缺的职位，这使得他选择了自己原来的爱好作为职业，并由此进入了 IT 领域。他在 IT 领域取得了令人瞩目的成就，但他时常希望自己能够为他人做些什么有意义的事情，他渴望再次体味作为牧师时那种深受感动的时刻。于是，他决定每年为一位将死之人进行临终的精神关怀。他用连续几星期的时间，在下班后和周末去拜访那位临终者。他说，除了陪伴，其实也没什么能做的了。有些时候，他仅仅握着临终者的手，但这已经是意义非凡了。临终者的亲属同样会获得他的关怀，此外，他向那些难以启齿，无法向临终者表达感情的亲属提供支持，鼓励他们勇于表达。我问他这么做的动力是什么，他回答说："归根到底是为了我自己。看到一个行将就死之人，很多日常生活中的问题会浮现眼前。它能帮我理顺所有的事情，并一再提醒自己，什么是生命中真正重要的。"

练习

你被医生告知患上了不治之症，只剩下几个月的时间。总结一下自己的人生。

- 你目前的生活如何？
- 如果得到第二次机会，可以继续生活下去，你希望做些什么不同的事情？

减慢生活节奏的方法

准备用剩下的 4 小时时间独处或进行深入的感情交流，最重要的是要知道如何成功摆脱加速状态。著名本笃会修士安塞姆·格林将生活状态区分为快节奏和慢节奏。在工作中，人们经历的经常是快节奏状态。因为在工作中要注重效率，意味着要快速完成，电话响了、门口有位同事向你请教，10 分钟后要参加一个会议……这种快节奏具有自身的好处，它会带来动力，关注成功的体验和执行的感觉。但我们也需要慢节奏来与之平衡，我们可以通过散步、读书、听音乐、与所爱的人交谈或独处来获得这样的体验。慢节奏会带来宁静和自身的均衡，并有助于与自己或他人进行深入的交流。如果我们同时掌握两种节奏，安塞姆·格林称之为时间财富。这种情况下，人们就不再是消耗时间，而是感受和体验了。作为领导者，你无须为快节奏操心，生活中肯定充满了快节奏，慢节奏则往往是你的瓶颈。很多成功人士太过习惯于快节奏，以至于忘记了如何将慢节奏融入自己的生活。他们的内心有着飞速的节奏，从而在业余时间也会寻求“快节奏的爱好”，如快节奏的健身活动、极限运动、外出约会、购物。

很多人缺乏慢节奏生活，如听音乐、读书、与人与己交流时所需的内心平静。从快节奏突然过渡到慢节奏是难以成功的。你一定曾有过这样的体会，晚上回到家，脑袋转得仿佛高速陀螺，很难使其停止并切换到慢节奏。如果你的伴侣同样经历了一天的辛苦工作，在她的头脑里则会同样存在一个高速旋转的陀螺。你们双方都想知道如何减速。下面介绍一些现成的方法。例如，我认识的一位领导者回家时，总是提前几站走出地铁，然后在最后的几公里步行回家。利用这段时间，他可以从精神上将一天中工作的部分关闭，开启到私人状态。另一位领导者则在到家后先和妻子坐在桌子旁，用 15 分钟时间交流当天的感受，同时享用一些零食（一些面包或坚果可以使你晚饭前不会感到饥饿）。他们坐在一起的目的不是为了玩“比比谁的一天更糟糕”的游戏，而是分享一下这一天中什么使自己受到触动。一个人讲述，另一个人倾听。在 15 分钟的交谈结束后，双方都感觉头脑中陀螺的转速下降了，于是可以更为放松地享受夜生活了。还有一位领导者，每周抽出一天时间，在晚上结束工作后跑去教堂。他说：“这样做可以帮我刹刹车，它的作用也可以持续几天时间。”还有一位领导者则每天晚上在孩子睡觉后与妻子一同进行 10 分钟的冥想，他们专注于自己的呼吸，只关注此时此刻。这种做法的作用令人惊讶。仅仅 10 分钟，头脑中的陀螺便停止了，压力也随之减弱。

练习

什么方法能帮助你减速并更好地切换节奏？同样问问你的伴侣，怎样能帮助他达到这一效果？在生活中实践这样的活动。

关于完美的时刻

一位学生曾经问他的师傅，为什么总是那么平静和镇定。师傅回答说：“当我坐下时，我就是坐着的。当我站起时，我就是站着的。当我行走时，我就是走着的。当我吃饭时，我就是在吃饭……”

学生打断师傅的话说：“我也是这么做的啊！你做了哪些特别的

事情呢？”

师傅一如既往地平静，徐徐重复道：“当我坐下时，我就是坐着的。当我站起时，我就是站着的。当我行走时，我就是走着的……”

学生再次说道：“我也是这么做的啊！”

“不，”师傅说，“当你坐下时，你是站着的。当你站着时，你是走着的。当你行走时，你已经在终点了。”

这个著名的佛教故事形象地描述了我们每日的奔波劳碌。当我们做一件事情的时候，心思往往已经飞到另一件事情上。我们在吃饭的时候阅读，在大自然中跑步的时候打电话，甚至有时在参加会议的时候写邮件。同时处理多个事情，不停歇地疲于奔命导致我们错失了很多生命赋予的美好的时刻。正是那些不起眼的完美时刻造就了生活的价值。你在每天的忙忙碌碌中中体会到了多少呢！清晨，你在座位上吃着早点，品尝着美味咖啡，任阳光洒在脸上，这就是完美的时刻！在一个爽朗的秋日，你到森林中散步，享受着清风拂面，清新空气令人心旷神怡，这就是完美的时刻！在环境幽雅的餐厅，爱侣对面而坐，浅笑盈盈，彼此爱意弥漫，态度亲和的侍者奉上你最钟爱的美酒，你与爱人碰杯，举杯而饮，这就是完美的时刻！即使你在银行拥有 7 位数存款，房子前 15 辆跑车依次排列，都无法令这个时刻更加完美了。

国际会计师事务所毕马威公司的美国前任 CEO 尤金·奥凯利当属美国的重量级人物，他的日程表已经排到了两年以后。在其事业处在顶峰时，他被明确告知已经时日无多，脑中形成了 3 个高尔夫球般大小的恶性肿瘤。他描述说，最后几个月得到的众多感悟中的一个，就是在剩下的时光中，仅通过改变自己的感觉就可以获得无数完美时刻。根据他的说法，以前，他每年至多获得两次这样的体验。

除了完美的时刻，还会有很多美好的时刻。就拿我们的早餐情景来说吧，你坐在餐桌旁吃早餐，品尝着美味的咖啡，目光越过城市的屋脊，美中不足的是缺乏阳光的轻抚。如果现在想“没有太阳，太遗憾了”，那可是完全错误的，要为你已经拥有的感到喜悦。主动地去感知这些美好及完美的时刻带来的短暂、强烈的幸福感，无须为此付出任何代价。开始享受此时此刻吧！

练习

在一天中保持专注，去发现并享受各种美好与完美的时刻。这么做的目标不是用一天的时间去练习这种认知，而是为了将其转变为长期的习惯。

关于艰难的时刻

我们该如何应对那些令人不快的时刻呢？

你是否认为降临在自己身上的事情是出于偶然？我坚信并非如此。我们所经历的困境正是生活给予我们的考验，其中一部分甚至是我们自己设定的考验，因为环境会折射出我们的思维和行为模式。你肯定听说过这句话：“种瓜得瓜，种豆得豆。”如果你的圈子中很多人表现出令你困扰的相似行为方式，你就要仔细思考，为什么还要继续留在这个圈子中？然而也存在殃及池鱼的情形，在这种情况下，不要把自己视为牺牲品，而要视它为历练的机会，并且自问：“此时的最佳处理方式是什么？我能从中学到些什么？”几年之后，对于同一个问题我们往往能够给出更好的答案。由此可以看出基于这一经历获得的成长。对于那些开始时被判断为不好的事情，通常需要经过几年时间，我们才能明白它所带来的价值。不要等到几年之后，要立即认清这一点，这才是关键所在。只有在艰难的情形下和困顿的人生阶段，我们才能发展并完善自己的人格。如果一切安好，就失去了发展自己的理由。

罗马哲学家辛加尼写过："暴露于疾风中的大树才会坚固强壮，与狂风的搏斗使它深植于土壤。"性格也是如此。作为领导者，你甚至应该为公司在一定程度上经历的困境感到高兴，因为只有经历风雨，才能显现出优秀的舵手。逆境会使领导者的不足和性格的弱点一览无余，正如同会显现他们的优点一样。

别把自己看得太过重要

教皇约翰内斯二十三世，原名安吉洛·朱塞佩·隆卡利（最著名的马戏团和科隆大教堂前的广场以他命名），在 1958 年被选为教皇，在位直至 1963 年。鉴于其 77 岁的高龄和虔诚，红衣主教团认为他不会长期在位。媒体视他为"过渡教皇"和"妥协的答案"。然而没多久他就显示出了真正的力量，并实现了历史性的改变。他在世界范围内数次发起和平倡议并令人惊讶地召集了第二次梵蒂冈会议。以此，他得以在宗教改革后重新加强了基督教和东正教教会的联系。1962 年古巴危机期间，世界处于前所未有的核战争爆发的边缘，他在肯尼迪与赫鲁晓夫之间的斡旋具有决定性意义。约翰内斯二十三世以其幽默和亲民的特性在民众中深受爱戴。他废除了当时私人会见时仍然执行的吻脚礼与 3 次鞠躬的规定。当被问到梵蒂冈有多少人工作时，他回答："大约一半吧。"意大利民众亲切地称呼他为"善良的教皇"，至今对他满怀敬仰。

从这个仅仅执政 5 年，却产生众多影响的教皇身上，你能学到些什么呢？据记载，安吉洛·朱塞佩·隆卡利当选为宗教界最高领袖时，他几乎被这个职位所肩负的责任压垮。由于紧张，他深受失眠困扰。就在那时，他的梦中出现了一位天使并授之以神圣的话语：

“别把自己看得太过重要……”

自此之后，教皇又能再次安然入睡了，并且也能冷静镇定、精力充沛地工作了。这句“别把自己看得太过重要”被载入了历史。每当约翰内斯二十三世感到怒气与不快在内心萌发，他就一再对自己重复这句话。领导者也可以将这句话为自己所用，这样的态度是获得宁静与幽默的基础。放低身段是审视自身缺点、勇于自嘲、避免轻视别人的一种能力。把自己看得太重要的人，会失去幽默感，看起来冷峻严肃。例如，很多领导者会永远保持待命状态（包括晚上和假期），这就是他们将自己看得太过重要的一个标志。他们认为，缺了他们公司将坍塌垮台。

你具有幽默感吗？在面对世界和人类的不完美、生活的不幸时，你是否能保持平静的心态？如果不能，如果你总会感到激动，那么也许你已经失去幽默感并自视过高了。太过严肃、自视过高源于过度的自我。让自己轻松一点，平静一些，如果你已经获得这样的状态，那么继续保持下去。

练习

下次为某事生气时，以一个观察者的身份审视当时的情况。问问自己，如果是你的挚友或孩子身处同样的处境，你会给出哪些建议。

给自己时间

切勿急躁，让自己按照上面提到的观点慢慢地进行调整。如果风风火火地开始，那么这就会与你改变生活中奔波忙碌的目的形成悖论。不要忘记，持久的观念和行为模式的改变需要时间。给予自己 2 ~ 3 年时间达到希望的状态。只有极少数人能在短期内做出彻底的转变。长期来说，很多人都能够最终达到目标。要时常记得：多数人会高估他们短期内能够完成的任务，对长期的估计则恰恰相反。

总　　结

领导者如何诚信而为

- 作为领导者，诚信而为可以赢得员工的信任。诚信意味着言行一致。要清楚自己的行为是建立在哪些价值观基础上的，只有这样，才能在艰难时刻更快更好地做出决定。
- 不要小瞧员工对领导者性格做出判断的能力，领导者的诚信取决于每天的行为表现，而不是说了什么。

认清并利用自己的优势

- 只有认清自己的优势，才能获得过人的成就并为事业提速。
- 优势=天赋+知识+经验。
- 对于领导工作而言，没有某一种核心的天赋，它包含对许多天赋的共同运用。思考一下，你有哪些天赋可以应用在领导工作中。

明晰自己的发展潜力并加以利用

- 如果你深入研究了自己的缺点，你就会以更加真实可信的面貌出现，对批评和其他人的缺点也会更加宽容。

- 越能认知自己的情感，并做出相应的处理，就越能捕捉员工的情绪并适当应对。除此之外，将感性与理性相结合会帮助你会做出最佳抉择。
- 弄清自己潜在的信条和评判机制，因为它们对你的领导行为具有重大影响。最好通过你的日常行为对其加以认知。

提升自己的满意度和幸福感

- 有证据表明，在收入达到一定标准后，幸福感就不会继续增加。不要将自己的幸福与外在的赋予相关联，而要与内心的态度结合起来。训练自己细心观察日常生活中的众多美好和完美时刻，怀着幽默感看待事物。这是你潜在幸福感的最大源泉。
- 关注以下 5 个获取幸福的限制性因素，其中哪一条对你而言是最弱的，并着意对此加以改善：健康、自主的时间、深入的情感交流、充满意义的工作和安全感。
- 为避免油尽灯枯，为重新获得能量，寻找到一种能够转换快慢生活节奏的方式对领导者而言非常重要。

第 2 篇

领导员工

Führen Sie das untere Management

本篇讲述如何领导员工。此部分在各个层面的领导工作中都是主要内容，因此在下面的 4 章中涉及比较广泛的内容。作为中层领导者，你可能处在以下的情形中，自己（部门经理）领导下属（主管），同时下属下面还有基层管理人员（组长）。由此，你也就肩负起了特殊的责任。由于基层领导者要在一定程度上调整自己以适应你的领导方式，所以，你的风格会随着时间的推移灌输给基层领导者。你会起到重要的表率作用。通常来讲，对基层领导者进行管理有一些必须注意的规则，而在管理员工时，如果你本身缺乏威信，而且没有以身作则，则往往难以奏效。

很多中层领导者会问我以下的问题：

- “我被那些日常运营工作搞得团团转。我怎么才能成为一个能总览全局的人？”
- “我怎么能使员工专注于重要的工作并确定重点？”
- “我怎么能激励员工取得优秀的业绩？”
- “我怎样才能在部门中推行一种新的思维模式呢？”

以上及其他一些问题会在本篇中予以回答。在接下来的一章中讲的是如何摆脱日常琐事，从而能够关注全局。引导部门和员工不断发展是你作为中层领导者的分内工作。因此，分析部门及员工的优势与劣势，并由此设定目标具有非凡的意义。

第5章 如何总览全局

公爵一词的起源是指在军队前面指挥的人。

——佚名

领导者通常分配给员工、领导和客户各 25%的时间，这是固定不变的。剩下的 25%的时间是作为领导者可以支配的时间。很多领导者表现得缺乏效率，原因在于他在有限的时间内去为那些琐碎的行政事务劳心劳力，而员工同样可以胜任，甚至能更快更好地完成此类工作。

作为领导者，如果想总览全局，就应该利用这段时间定期针对下面 3 个主题进行思索，并由此制定出目标：

1. 工作方法的优势和劣势。
2. 员工的优势和不足。
3. 部门的优势和劣势。

上面所提到的关于反思和确定发展目标的 3 个工作内容，其所具有的问题在于，它们不牵涉任何寻求解决方案的具体人。一旦员工、领导和客户携带各自的需求与期待来到你面前，马上就会造成你注意力的转移。例如，如果你没有处理一位客户的需求，客户会表现出不满，并给你造成压力。上面所提到的 3 个问题不代表任何人的需求。如果你很少或从未思考过员工与部门的优势和劣势，短期内不会产生任何后果。从长期来看，你就会感觉失去了工作的乐趣，并越来越受到外界的控制。鉴于以上原因，慎重对待上面提到的 3 个问题将为你带来重大的益处。但是，要为这些问题寻找答案，那个唯一并且具有决定性作用的人正是你自己！领导者必须主动思考，引导自己的注意力集中于这些问题。

在被日常工作湮没的情况下，很难达到上面的要求。大多数领导者需要完成太多的行政事务，以至于不得不占用自己剩余的那些时间处理工作的事情。仅从这一点，就能划分出色与平庸。最出色的领导者利用工作时间完成上面的那些主题，为此投入时间的好处显而易见：了解并沟通如何利用每个人及整个团队的优势，并分别使它们获得发展，更好地对员工进行领导。

时至今日，很多领导者无法设定基本的方向，而只是使自己和部门同时掩埋于日常工作当中。这样的做法根本谈不上领导。

有一个比喻："公爵"这个词从起源来讲是指日耳曼的军队统帅，他会在每次战争状态下的军队会议上由部族推选而来，公爵是那个在军队前面带领和指挥的人。如果依照这个解释来说，很多现在的领导者根本就谈不上领导者，反而是同行者。他们不是在团队的前面引领方向，相反，他们混迹于团队当中，应对外界和团队内部的事务。同行者不具备掌控能力，会受到外界的 3 个需求团体（员工、领导和客户）和日常事务的控制。你认为应该如何评价自己呢？是领导者还是同行者？

解决问题

管理学大师彼得·德鲁克曾说过：“通过对机会的利用而不是解决问题，人们才能达成目标。”很多领导者从早到晚都在解决问题，在美国人们称之为“Troubleshooting”（解决问题），按照字面翻译就是“追赶”和“找出”问题。他们属于过去导向，因为问题总是产生于过去的时刻。那么，“利用机会达成目标”在实际工作中，对中层领导者而言意味着什么呢？中层领导者的责任是将策略目标转化为经营目标和经营步骤。在此过程中，他可以充分利用机会，引入自己的想法，寻找空间有意识地使自己的部门获得发展。很多领导者难以如此施行，因为他们正受困于日常行政事务和不断从高层接到的新任务及过度的超时工作中。解决问题的办法在于反思上面提到的 3 个主题。只有当你自己确立了目标，并且引导员工以目标为导向时，你才能算一位真正的领导者。

为什么领导者如此热衷于解决问题，并且这种现象会广泛存在呢？除日常的压力外，主要可以归结为下面 3 个原因。

1. 解决问题更容易。你无须长时间思索、周详地做计划和缜密地思考。问题往往清清楚楚地摆在面前，只需采取行动而已。解决的方法通常也是显而易见的。

2. 解决问题容易引起注意。领导者在解决问题时经常处于一种紧急状态。他们行动力强，并且格外重要。人们可以将英语中的“解决问题”这个词与德语中的“消防”相比较。灭火意味着行动，消防车队警笛长鸣，警灯闪烁，从身边呼啸而过，谁能不为此提供方便呢？与之相反，有效的防火则是安静、不引人关注、需要很多才干的事情。

3. 解决问题有利可图。在很多公司中，危机管理是获得晋升的一个重要的先决条件。善于处理危机，表示这个人拥有处理复杂工作的潜力。但是往往被人忽视的一点是，这个力挽狂澜的人正是应该对那个危机的局面负责的人。

解决问题成为主要工作的人，必定身陷日常工作难以自拔。领导者的工作，是要掌控全局，为员工提供必要帮助，并认清哪些是最重要的工作。要满足这些要求，需要有俯瞰全局的眼光。花一些时间，从精神上提升自己的高度，结合自身的优缺点来观察自己及自己的工作和员工，从整体上把握部门的优势和劣势。身处平地，永远只见树木，不见森林。利用剩余的 25%的时间来做这样的工作意味着具有居高临下的眼光。越是频繁地进行这样的思考，领导者的视野就会越加开阔，也就可以帮助领导者在日后减少那种解决问题的工作，同时，领导者对部门的领导工作也就会更成功。

我们分别谈一下上面提到的 3 种工作。

工作方法的优势和劣势

首先要做的是，阶段性思考工作方法中存在的优势和劣势。如果一个问题反复出现，你就应该考虑，自己对这个问题的形成有多大责任。对下面 5 个问题中的任意一个，如果你的回答是肯定的，那么很可能你就需要改进自己的工作方法了。

- 你没有时间对重要的问题进行思考？
- 是否有太多问题需要你亲自提供解决方案？
- 你是否同时参与到很多项目和工作中？
- 你在工作时，是否经常被他人打断？
- 会议是否浪费了太多时间？

对中层领导者来说非常典型的问题经常与工作方法相关联，而非现实的环境，尽管此两者看上去非常相似。如果你寻求改进工作方法，刚刚提到的正是你应该克服的 5 个问题。

问题 1：没有时间对重要的问题进行思考吗？早起的鸟儿有虫吃。

通过对 20 位德国商业领导者的性格进行比较，发现他们具有一个显著的共同点：所有人都是 5 点起床，并且经常很早到达办公室。为什么这样的做法对那些商界领袖的成功意义非凡？为什么这样的做法会对你的成功具有重要意义呢？对日常工作进行思考、对策略进行反思，既需要外部环境的安静也需要内心的宁静。在进行一天的第三个会议时，你坐在会议室里对自己和工作进行 60 分钟的思考，这是完全不可能的。

而在早晨 6 点的时候，办公室空无一人，没有电话的打扰，没有人不请自来出现在你的办公室。6～8 点这段时间，通常来讲，你是完全不受干扰的，要好好利用这段时间！如果你从 8 点开始在门口把“请勿打扰——重要工作/电话/会议中”的牌子挂 1 小时，并且切断电话，那么，你总共就赢得了 3 小时的安宁。不用担心，你其实并不需要每天早上 6 点到达办公室。根据职位的不同，每周大概只需 1～2 次。与那些完全没有时间进行思考的领导者相比，你就已经取得了巨大的进步。有些读者也许想：“好主意，只是我更喜欢晚上进行安静的思考。”身为一个夜猫族，我的经验表明，这是行不通的。晚上，我们仍然保留着日常工作中慌乱忙碌的节奏。头脑中的陀螺往往在早上会慢速旋转，晚上则已经在飞快地奔跑，这就使我们无法进行思考，也就无从获得鸟瞰全局的视野，白天产生的问题会让我们的思绪总是停留在细节上。除此外，同事和其他员工也经常会在办公室停留到很晚，你可能在思考时被别人打断思绪。只有早上才能保证你是独自一人，并且拥有宁静的气氛。

问题 2：是否有太多问题需要你亲自提供解决方案？创建一种解决问题的文化。

毕业后获得第一份工作后，让我高兴的是，入职后马上就被调派到了一个重大项目中担任项目协调员。不久，我就遇到了第一个重大的难题。我走进领导的办公室，将问题解释给他听，他很专注。讲完后，我满怀期待能从他那里得到解决问题的建议，但他问我考虑了哪些解决方法。我回答说："我自己完全不知道该怎么处理，所以才来向你请教。"接着，他沉默了一下并上下打量我，看得我浑身不自在。之后他用平静的口吻向我解释："事情不该是这样的。"他明确地告诉我，这是我负责的项目，他期待我能够提出解决问题的建议而不是相反的情况。我回答说我真的没有办法了，同时认为他这回应该向我伸出援手了吧。没有，取而代之的是，他将我赶出了办公室，并且告诉我，什么时候有了解决方案再来找他。我永远无法忘记离开他办公室时的感觉：我仿佛是那个没有完成作业的学生，被老师抓个正着！1 小时后，我带着 3 个解决方案再次走进他的办公室，并且向他进行了陈述。他问我哪个是我认为最佳的选择，然后让我去把它付诸实施。我在这一天所学到的就是永远不要在只有问题没有答案的情况下走进老板的办公室。

你会怎么做呢？你是否教导员工要建立以解决问题为导向的思维？很多领导者在遇到问题时玩的是"这怎么可能发生""这是谁的责任"游戏。他们将宝贵的时间浪费在大多数情况下缺乏针对性的两个问题上。最终，他会提出众多可行的解决方案，并对于得以再次运用他的丰富专业知识感到心满意足。于是，他所得到的，就是那些一有问题就跑去找领导的不成熟员工。你应该要求员工每次提出 3 个解决方案，教导他们，用找出答案来代替就问题进行的讨论。

问题 3：你是否同时参与到很多项目与工作中？做出适当的授权。

很多有经验的领导者也会感到难以将特定的工作进行授权。这主要由于一个基本的原则尚未深入人心。这就是：

> 责任与时间花费不具备比例关系。

每个人拥有相同的可支配时间，也就是一天 24 小时，但每个人并非承担着相同的责任，一些人的责任明显大过另一些人。如果人们在相同的时间内承担的责任差异很大，那么责任与时间就不再存在任何关系。假如责任与时间存在正比关系，那么像德国总理府这样的机构就有点令人难以想象了。根据所承担的责任，总理每天至少需要 100 小时的工作时间，但他也和常人一样每天只有 24 小时。这个谜题的答案叫作授权。如果事事亲力亲为，那么很快就会达到负荷的极限。不去学习如何进行专业化授权的人，最迟会在他达到时间极限后，在事业的道路上掉队。专业化的授权有哪些特征呢？

- 告诉他这么做的目标是什么，为什么达到这个目标具有重要意义。
- 给予他所有必要的信息。
- 将所有的责任，包括决定权和在必要情况下的财政预算权力，完全转交给他。
- 不过问他以什么方式执行这个任务。

与授权相对的是给出工作指示，指定细节。同时，执行人拥有极小的或完全不拥有决定权，其中的任何步骤都要征得领导的同意。如果一名员工年轻且缺乏经验，那么这样的工作方式符合他的资历。与之相反时，你就可以将整个工作及其责任完全转交给执行者。通过观察就会发现，大多数领导者在可能的情况下都没有将足够的责任委派出去，他们其实可以做得更好而且更有效率。在这里，对领导者而言有未加利用的时间潜力，对员工来说则有巨大的动机潜力，因为他们中的大多数人都希望承担责任。

缺少授权的主要原因有如下 3 条：

- 亲力亲为才能做到最好的信念（通常伴随完美主义一同出现）。
- 害怕出错或员工难以胜任（主要是针对重要客户或高层的项目）。
- 工作使领导者自己感到愉快。

如果你将日常工作，同时也将那些自己乐于处理的、要求承担重大责任的任务作为补偿一并委托给员工，那么他们会表现得更加理解。相反，如果只委托繁杂的日常工作，抗拒的态度难以避免。

问题 4：在工作时是否经常被他人打断？对干扰进行管理。

许多领导者因时常受到打扰而不得不中断自己的工作，这方面同样存在着改善的空间。我们在这里依据干扰的程度给出两个具有代表性的例子：第一个例子是典型的电子邮件洪流，很多领导者每天湮没其中。有些领导者告诉我，每天会收到 150 封邮件。解决方法很简单，只需一点决心。

我所认识的一位经理调整在公司内的职务。在他的公司里，在发送邮件时通常会抄送给发件人的领导或收件人的领导，甚至双方的领导，以便形成推进的压力。这位经理调职后用了两个星期的时间阅读每一封发送给他的邮件，如果他发现邮件中没有什么重要内容，他会做出如下回复：

> 尊敬的女士/先生：
> 你为什么要把这封邮件发送给我呢?
> 祝好。

两个星期之后，他收到的邮件明显减少了。但那些对他而言重要的邮件仍然一封不少。此外，你在得到一台新电脑后，第一件事情就应该是关闭邮件软件中的新邮件通知窗口。每隔两小时集中收取邮件，会使你在其间拥有足够的时间专心工作。

第二个例子是在办公室中随时出现的干扰。很多部门存在 “欢迎来敲门”的原则，任何人可以在任何时间来老板的办公室提出自己的需求。这种做法对于领导者的时间管理来说无异于自杀行为。作为领导者，你需要不受打扰的工作时间，专注于处理重要事务。因此，与你身边的人协商出一个明确的标志，用它来表示不便打扰的状态（如门上挂一个“处理重要工作，请勿打扰”的牌子）。在此期间，让别人代接电话，关闭手机。这听上去好像陈词滥调，但在实际中很少能够得到执行。

对于随时出现的员工、同事和领导的来访，你可以通过下面 4 个问题更好地进行评估。

- 你想和我讨论些什么？
- 目标是什么？
- 就此我们需要多长时间？
- 我需要进行准备吗？

这些问题可以帮助你决定，是现在马上进行讨论还是与约定一个对你而言更加方便的时间。重要的是，不要出现以下的情况：员工回答说需要大约 5 分钟时间来讨论一个问题，结果 15 分钟还没有讲清楚事情的始末，就更别提就此与你进行讨论了。你要在 5 分钟过后将他打断，告诉他，现在时间已经到了。之后你可以继续听下去，直到最后，友善并明确地告诉他，他实际占用了多少时间，而你希望在下一次询问需要多少时间时，能够得到一个更加准确的时间估算。如果你能让别人知道，他们需要告知你实际要占用的时间，这样，你就可以更好地进行计划和工作了。

这里只是两个常见例子。思考一下，你经常遇到哪种类型的干扰，可以做出哪些改进？

问题 5：会议是否浪费了太多时间？高效地主持会议。

对于很多领导者而言，有效对会议进行管理能够节省出大量的时间。领导者的级别越高，被会议占用的工作时间就会越长。此方面的任何改进都会对领导者本人和员工的时间管理产生直接的积极影响。

会议中常见的干扰因素有以下几点：

1. 与会人员一再迟到。
2. 尽管事先要求，但与会人员仍然未做准备。
3. 与会人员精神不集中，甚至在会上处理其他事情。
4. 与会人员乐于长时间讨论，却不愿意承担起责任。

5. 某些与会者没有执行在上次会议中承担下来的工作。

6. 没有人知道该讨论些什么。

7. 太多时间浪费在无关紧要的事情上，造成没有时间讨论重要的议题。

8. 在各种议题间跳来跳去。

9. 没有就议题的顺序和与会者进行协调，造成其中某些人尽管只需参与极少内容，却要整个会议期间一直在场。

10. 邀请无关人员到会。

11. 陷入细节讨论之中。

12. 某些人占用的时间超出为其计划和规定的时间。

13. 有些人意见多多，有些人沉默不语。

14. 两个与会者在会上，而不是会后就展开了关于某个议题的具体执行时间和细节的讨论。

15. 没有对会议结论与待办事项进行总结。

所有这些干扰因素都是可以被克服的。高效的会议需要具备 3 个只有领导者才能执行的组成部分。

会议文化

会议文化需要上级的表率践行并向所有参与者提出明确要求。例如，很多部门会议开始时间总是比商定的晚 5～10 分钟，其原因往往是领导迟到。如果领导总是准时到场并且准时开始会议，那么他就释放了一个信号，会议准时对他而言是非常重要的。如果一位与会者迟到了，上级不要视而不见，而应该请他下次准时到场。相反，如果领导对此没有反应，于是其他员工也会允许自己迟到。会议文化只能通过领导推行，因为只有他拥有威信和惩罚的权力。没有做出表率作用，并且未能对此提出明确要求将导致第 1～5 条干扰因素的产生。

议事日程

议事日程需要通过及时提交会议内容，其后与团队共同确定。理想的情况应该是，会前一天，议事日程已经通过电子邮件发送到了与会者手中。邮件内容应该包括：会议议题，议题发言人，每个议题大约所需的时间，并提示是否应该及如何进行准备。

如果议事日程未能在会前发送，也可以在会议开始时首先列示出来。写下所有的议题、议题发言人和估计的每个议题所需时间。由于会议时间通常非常有限，领导者应该根据议题的重要程度，同时考虑所需要的参与人进行排序，这样才算对时间进行了充分利用。若没有议事日程，将出现上面提到的第6～10条干扰因素。

会议主持

会议主持人负责控制议事日程与时间的执行，他会在团队陷入细节讨论或偏离主题的情况下进行干预；控制那些意见多多的人，调动那些沉默寡言的人；会议结束时进行总结。每一次会议可以更换不同主持人。在有主持人的会议中，领导者也要遵守统一的规定。例如，将自己的发言控制在1～2分钟，并且能够接受别人的劝阻。有些领导者，尽管指定了会议主持人，却往往使之流于形式或时不时地自己承担了主持的角色。没有指定会议主持人会导致第11～15条干扰因素产生。

在上面提到的5个核心问题中的一个或多个存在着改进的空间。尽管这些问题通常是很多领导力研讨开会中讨论的内容，而且每位领导者都熟知其理论上的运作方式，却总是缺乏实际的执行。设定出具体的目标，明确你想要在哪个方面进行改进。同时要认识到，不可轻视自己的表率作用。

员工的优势和不足

领导工作中的一个重要组成部分就是认清自己和员工的优势和不足。如何认清自己的优势和不足，我们在本书的第 1 篇中已经进行了陈述，当你将个人的天赋和优势应用于工作的时候，就会取得过人的成绩，同样的规则也适用于员工。如果你能够根据员工的优势进行领导，从长期来讲，你就可以在取得良好成绩的同时唤起员工的高度积极性和职业道德。能够依据自己的优势工作的人，会感受到工作的乐趣并获得成功。这样的人会发自内心地充满热情，而不再需要外界的激励。要想在不增加工作时间的情况下取得更优异的成绩，秘密就在于要以优势为导向进行领导。很多领导者对于这种触手可及的员工潜力的利用却非常有限。多数领导者恰恰相反，以员工的不足为导向进行领导。

为什么以不足为导向？答案在于这样的做法更容易。不须浪费任何力气，领导者早晚都会看到员工的不足。例如，如果一位员工弱于时间管理，那么他会表现得健忘，无法准时完成任务或迟到，这会非常引人注目。如果一位员工不善于运用一种语言，那么那个国家的一位客户来电，并且领导正巧就在身边时，一切就会显而易见了。与此相对，优势的表现完全不同，它们无法自己呈现出来。要想找出某人的优势，需要人们积极对他进行研究。你必须观察员工，并且要预留出时间来对观察对象进行分析。

找出员工优势的一个好方法就是给他分配具体的任务，并仔细跟踪和观察他是如何驾驭整件事情的。如果你认为某人拥有某项天赋，可以指派给他一个可以使这种天赋得到彰显的工作。在实际中，这种有意识的工作分配方法几乎未能得到应用，很少有领导者会有针对性地思考，要将什么工作分配给什么人。在公司的日常业务中，经常使用的是填窟窿的方法。有了一项新的工作，领导会把他指派给当时相对比较清闲的一位员工。更好的方式是，将重要的工作分派给那些具有相关天赋或你认为其拥有相关天赋的人。这种有针对性的工作分配带来的结果可能是，不要把某项工作交付给某个员工，这样能保证在不久后一旦出现了一份适合他的工作时，他能够有充足的时间进行处理。

如果一位员工轻轻松松就完成了一项任务，这很可能表示他具备这方面的天赋。如果一位员工费尽九牛二虎之力完成了一项任务，仅仅取得了一般的结果，这不能成为他缺乏这种天赋的确凿证据。你还记得优势的定义吧：

优势=天赋+知识+经验

每个人都拥有天赋，尽管很多人并不清楚自己拥有哪些天赋。但是只有天赋并不足以取得成功，还需要知识和经验。如果一个员工没能成功地完成某项任务，并不一定说明他缺少天赋，有可能只是由于缺少知识或经验。如果某人想成为一名优秀的销售员，理想的天赋是他拥有诸如“迅速与他人建立联系”“说服力”“毅力”之类的能力。但他也需要关于所销售产品、竞争对手产品、市场和用户需求的知识。同时，他还需要有关如何说服客户马上做出决定的经验。缺少天赋的人，即使拥有无数知识和经验，也只能取得一般成绩，或者在非常努力的情况下取得较好的成绩。如果缺少知识和经验，有天赋的人也可能无法获得成功。因此，不要轻易认定某人在某事上缺乏天赋，而要搞清楚，他确实是没有天赋，还是仅仅缺少知识和经验？如果一个人对某事拥有天赋，那么从根本上来说，这件事情应该会让他觉得轻而易举，并且内心不会产生任何抵触情绪。

另一个辨识员工优势的机会来自员工谈话。对此，员工需要有针对性地进行准备，因为很少有人能随时随地表现出自己的天资和长处。在进行准备的时候，你可以让员工从本书的第 2 章开始读起，并且建议他，进行一下上面提到的练习。寻找自己的优势一定会令多数员工感到高兴，特别是当自己的领导对这个问题备感兴趣时。但你不要对这样的谈话抱有太多期待，通常来说，人们总是很难发现自己的天赋。如果员工感到颇为困难，你可以通过有针对性的问题和积极的意见帮助他认识自己。在第一次谈话中你很可能无法立即找出一个人所有的优势和天分。要将这种优势管理视为一个长期的过程，而不要看作一次性的谈话或一次个人分析。

优势管理不仅意味着将目前的员工按照他们的优势放置在合适的岗位上，还包括根据人们的长处来选择招聘。当你想为一个重要的岗位挑选员工时，你应该考虑，新员工首先应该具备哪些能力，那么你就可以在选择过程中着重关注这些优势。下面的这个例子就验证了这一点。

德国一家大型博物馆寻找一位新的馆长。评选委员会选择了一位极具争议的候选人，在他的简历上根本看不到任何组织大型艺术展览的经验。但委员会此前就已经将选择的焦点集中在了一个候选人必备的条件上，而这个人正好能够满足，那就是：新馆长在经济圈内拥有广泛人脉，且曾经在财政资金不足时成功地组织过筹款活动。仅仅一年后，这位馆长就通过多个大型赞助商完成了数次国际认可的大型展览，而依照原先的经济状况，这些是根本不可能完成的。由此，他也就堵住了大多数评选委员的嘴。

思考一个职位需要怎样的天赋，然后据此进行选择。

与此同时，如果一位申请者具备了所需天赋，那么你就要同时接受他的不足并通过整个组织来平衡他的不足。我们假设，一个人拥有在困境下坚韧又执着的品质，拥有如此品质的人可以成为很好的采购人员，在艰难的谈判中坚定地维护公司的利益。同样正是这个人也可能在公司内部的利益分配时被同事认为太过斤斤计较和不肯妥协。完美的人是不存在的，可大多数公司就是想找到这样的人，它们会寻找那些最能准确匹配职位要求的员工，希望那些员工能满足最广泛的要求并且没有弱点。如此这般，人们所找到的就总会是中规中矩的人，因为这些什么都能做的人，往往是什么都只能做一点的人。原因在于，选择这样的人使得负责招聘的人事专员和其直属领导的风险降到了最低，因为人们在发现他是一个错误选择的时候，总是可以说："谁能料到呢，他的简历可显示他是非常适合这个职位的。"对于那些在简历中体现出了明显优势同时又有明显不足的申请者，一旦出现上面的情况，难免会听到别人非议："这缺点多明显啊。"要想真正根据优势来选择员工，需要直属领导在面对所谓的"全才"时，表现出自己的勇气和自信。

如果一个员工的优势和不足同样鲜明，这没有问题，因为公司的一个作用就是聚合大家的长处并平衡大家的不足。但选择一个优点和不足同样鲜明的人的不利之处是，与中规中矩的人相比，他们总是因为极具个性而难以驾驭。这样，作为领导者，对你提出的要求就相应提高了，但在大多数情况下，这对于提升绩效是利大于弊的。

关于不足还有一句要说的，就是对于员工的不足，只需要领导者有限关注。盖洛普咨询给出的定义是："不足是取得优异成绩道路上面临的障碍。"这就意味着对于领导者来说，员工在性格上的某些弱点，只有在它实实在在导致员工的不好表现时才是重要而相关的。例如，如果一个人不善于做演示，那么这个缺点只有在他接受了一份需要定期进行演示的工作后才会表现为他的不足。只有在成为取得优异成绩道路上的障碍时，它才真的成为不足。在此之前，它所代表的仅仅是一个人不善于某事而已。

部门的优势和劣势

有很多不同的方法来定义一个部门的优势与劣势。最常用的方法是 SWOT 分析。SWOT 的含义是：

S= Strengths（优势）　　O= Opportunities（机会）

W= Weaknesses（劣势）　　T= Threats（威胁）

你可以自己做 SWOT 分析，与基层领导者共同完成则是更好的选择，重要的是这样会使他们更具有执行的意愿。你可以选择利用两天的时间在公司外，或者至少一天的时间在公司内举行一次研讨会，那些每年都会组织一次此类会议的领导者明白这样做的价值，因为它会带来以下好处。

提高分析的客观性：每个参与者都能提出他们关于部门优势和劣势的看法，这就比领导者独自评估更具有客观性。基层领导者能更准确地把握其所负责的领域的现状。

高度的积极性：基层领导者会觉得获得了认真对待，并有一种切身的关联感，从而提升他们的积极性。

清晰的目标：共同进行的分析会使你和基层领导者对部门潜在的优势和劣势保持清醒，提出一个清晰的发展目标。

执行意愿：所有人的参与使分析过程变成大家共同的事情，你也就无须再去为说服工作花费力气了。

更好的合作：在研讨会期间（最好是在外面过夜，共 1.5 ~ 2 天时间），基层领导者可以拥有互相认识和非正式沟通的时间。这将有助于改善部门内的氛围和合作。

免受干扰：远离公司会大幅提升效率并可以达成在同等时间内无法在公司内形成的统一决策。

此外，SWOT 分析的优势还在于能够将内部与外部视角相结合，如图 5.1 所示。首先要分析自己部门的优势和劣势：你的部门具备哪些优势？你的部门有哪些核心职责？一份对整个公司进行的 SWOT 分析，会罗列出那些比竞争者做得更好的特征，只有这样的特征才能算真正的市场优势。而针对你的部门，也可以与其他公司的同一部门进行比较，或者也可以只是记下你所能想到的一切优势。还要找出部门最大的劣势：什么地方经常会发生状况？什么是亟待解决的问题？

优势和劣势将目光针对内部，而机会和威胁是面向外部的。例如，对于整个公司进行的 SWOT 分析就要考虑整体市场、公司环境和新技术的发展会带来的威胁和机会。对于你的部门来说，也要把目光投向公司中本部门之外，你的部门存在哪些风险和机会？在短期内面临的最大威胁和机会是什么？哪些是属于长期的？如果你的部门需要衔接外部的供应商和用户，那么也可以把它们放在考虑范围之内。

图 5.1 展示了环境分析的内外视角。

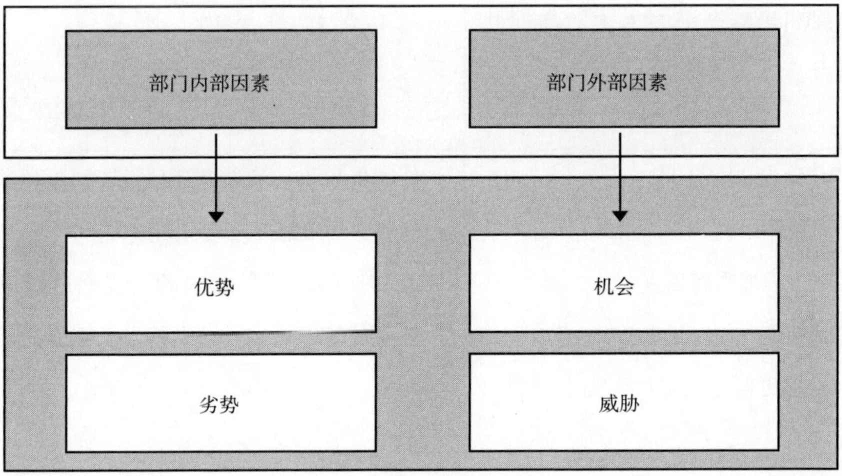

图 5.1　环境分析的内外视角

下面举一个例子，是一家大公司的人事部门进行的 SWOT 分析的简化版，如图 5.2 所示。

SWOT 分析仅仅描述出了当前的状态，它无法提供问题的解决方案。因此，在分析中也就没有包含对行动的指导，但是它为下一步行动提供了基础。接下来你可以与基层领导者共同思索下面的问题：

优　　势	机　　会
• 很多经验丰富的老同事在本部门工作。 • 高度的绩效文化。 • 非常具有胜任力并且积极提供咨询回复。 • 清晰的工作流程，精心准备的材料。 • 说到做到。 • 挖掘和培养高潜力人才的高度胜任力。	• 通过将人员招聘与人事工作变成重要的战略组成部分，可以使其进一步得到加强。 • 两个不好相处的部门领导离开了（继任者性格随和）。 • 新任市场营销部门的领导提出部门年轻化的概念。
劣　　势	**威　　胁**
• 多名知识丰富的员工会在今后的几个月中相继离开。 • 决策过程拖沓冗长。 • 午间和晚上难以联络。 • 对需求更偏向回应而不是主动提供建议。	• 外部机构执行的绩效评估由于缺乏计划与沟通，导致部门形象受到损害。 • 对其他部门领导需求的迟缓回应造成了强烈的外部影响，给人留下了效率低下的印象。

图 5.2　某公司人事部门的 SWOT 分析

- 今年我们要确定哪些主要目标？
- 我们应该达到什么样的状态？
- 为了达到目标，我们具体应该做些什么？
- 在所有要做的事情中，我们要进行怎样的排序（优先性）？

在研讨会中也可以对下面的问题进行讨论：

- 我们还能提高哪些资源的利用效率？

- 哪些事情是我们今后不该做的（摆脱系统性的垃圾）？
- 如何能进一步改善团队合作？

通过这样的方式，你就为部门制定了将要执行的计划。尝试将每个任务分别授权给在场的人员，因为通常来讲，如果明确某人对某事负责，那么就会提升事情得到执行的可能性。有些工作则必须由你亲自负责，因为只有你拥有将其贯彻的权力。需要注意的是，只有确实需要你亲自出马时，你才应该将其承担下来。

如果你不知道如何开展这样的研讨会，或者没有时间组织，也可以把它委托给一个具有良好声誉的培训公司。他们会为你选择合适的地点，派出一位经验丰富的咨询师提供帮助。咨询师会为你提供流程方面的建议，并在会议期间负责整个进程和组织。于是你就可以轻松地参与到会议当中，并与基层领导者一起专注于会议内容了。

第6章 设置优先顺序

想要成就卓越，必须做到精细。事事皆望，终将一无所获。

——黑格尔

上一章讲的是你的工作方法、员工和部门的优势和劣势。至此，你已经对当前的状态有了概括的了解，并且开始考虑如何强化这 3 个方面的优势并降低它们的劣势。本章讲述如何将这种思考转化，使之得以有效执行。在这里，特别要告诉你的是，如何引导员工将精力专注于重要的事情上。

专注于少数重点

获得更多成就的一个重要步骤就是要关注少数几个重点任务的执行。很多领导者一次负担太多工作，结果就是分散了自己的精力。你应该积聚所有力量运用于重要的目标。这种专注于少数任务的工作方式不是与生俱来的，需要你在日常工作中有意识地去练习。

圣加仑大学的弗雷德蒙德·马利克教授在他的非常具有阅读价值的著作《领导、执行、生活》中提到了一个练习。他每次讲解要在组织中进行有目标的领导这个概念的时候都会使用这个练习，该练习形象地展现了众多领导者在确定事务优先排序时的实际行为方式。马利克给参与者大约 1 小时时间，要求他们写下下一年想要解决的问题，除此之外，没有更多的指示。其结果总是非常相似：80%的人会洋洋洒洒写满几张纸，只有剩下 20%的人会用半张纸罗列 2～3 条内容。马利克确信，那 20%的人才是真正职业的，而他们所列出的内容才是真正重要并且切实可行的。当然，在那些洋洋洒洒的陈述中也能找到重要的内容，但肯定是穿插在次要的事情中间。在日常的忙碌中，人们往往容易失去关注的焦点。最终，两组人都为工作付出了努力，这是毫无疑问的。但是第一组人只是工作，而第二组人获得了结果。有目标的进行领导所产生的效果和获得的成功取决于专注于少数重点这一基本原则。

练习

写下你在这一年想要和员工共同达到的核心目标：

1. ____。
2. ____。
3. ____。

没有人能比杰克·韦尔奇对于关注重点有更深刻的理解。1981 年韦尔奇成为通用电气的 CEO。他掌控公司 20 年，并将其发展为世界上最大的企业之一。他接受任命时，通用公司市值 140 亿美元。而在他离开通用公司 3 年后，也就是 2004 年，公司已经价值 4 100

亿美元，属于当今世界范围内最大（到 2005 年为世界最大的集团公司）、最受尊敬（2005 年和 2006 年在《财富》杂志的“全球最受尊敬企业”榜单中排名第一）和盈利能力最好（2006 年利润超过 200 亿美元）的公司之一。在韦尔奇 20 年的通用公司的职业生涯中，一直坚持专注于少数的重要事务。很多人将他视为各时代最为杰出的经理人之一。

韦尔奇刚刚进入公司时，通用电气是一个由 42 个策略性经营主体组成的联合企业。它们的产品从烤面包机到飞机涡轮，再到汽车，无所不包。公司存在的大量冗员、严重的官僚主义作风和大多数通用经理人所带有的自满情绪令韦尔奇非常反感。他宣布，每一个通用的经理要专注于成为其所在行业的第一、第二名。在限定的时间内没有取得成功的经理，其所管理的部门将被整顿、出售或关闭。很多人对此感到摸不着头脑，因为那时通用可算一个成功的企业。他那“整顿、出售或关闭”的宣言很快得到了严格的贯彻。他上任时，集团共有 411 000 名员工，5 年后只剩下 299 000 人。这使他得到了“中子弹杰克”这个绰号，表示他就像中子弹一样，在保留建筑与设备完好的同时解体一切生物。那时，韦尔奇并不受员工拥戴，但他成功地对公司进行了瘦身并使效率得到了提升。

20 世纪 90 年代，韦尔奇确信他手下的众多经理人颇具创造力地故意将自己的市场定位圈定在一个非常小的范围内，并由此使得自己负责的领域依此定义坐上了市场头名或第二名的位子。为了应对这一局面，韦尔奇要求所有的业务负责人尽可能放宽其市场的定义，直到其市场份额下降到 10%以下。之后，他们要找到在新定义的市场内重新获得份额的方法，并专注于这一战略的执行。这个行动造就了通用电气的继续成长。同样是在 20 世纪 90 年代，韦尔奇在公司范围内推行六西格玛质量管理方法，此方法的主要目标是流程优化、降低缺陷率和实现成本节约。韦尔奇通过他非凡的成功将这个源自摩托罗拉的方法推广到了全世界。

通过上面的这些行动和由此取得的成绩，韦尔奇一再引导集团经理和员工的注意力集中于那些将要执行的主要工作上。随着时间的推移，韦尔奇所关注的重点从生产型企业转变为服务型企业，从美国公司转变为世界范围的集团公司。时至今日，杰克·韦尔奇就是一个传奇，并且化身为成功经理人的缩影。美国著名财经杂志《财富》在1999年将他推选为“世纪经理人”。

对韦尔奇行之有效的，对你同样有效。只有让你的力量和员工的力量都集中于那些重要的事情上，你才会取得非同寻常的成功。

目标设定的艺术

设定目标是引导员工在一年之中专注于重要事项的最好方法。了解自己业绩评价标准的人会投入全部精力促使所设定的目标实现。

有时，在战略研讨会上，高层领导者对于只有少数经理能陈述出下一年度的目标而颇感吃惊。出现这种情况的原因通常是缺少沟通，很多经理认为，只需要口头上就目标进行交流就已经足够了。实际上口头传达和书面确认之间存在着巨大的区别，书面形式使目标变得更具强制性，并且可以减少误解。因此，你应该给自己和基层领导者提供书面的目标设定。要把目标控制在3个以内，其中，应该有一个是以员工的发展为主题，而另两个应属于部门的目标。

那些在领导学著作中一再强调的，非常重要的目标管理（Management by Objectives，MBO）在实际中很少得到贯彻。对此，可能存在以下几个原因：

- 很多公司的员工年度谈话还未形成制度。
- 尽管执行了员工年度谈话，但是其中不包含目标确定这一项内容。
- 尽管在谈话中涉及了目标确定，但是基层领导者没有认真对待，并将它看作和普通目标一样，仅仅与一些常规目标一同加以执行。

无论公司是否规定了进行涉及目标设定的谈话，你总是可以与重要员工就此进行交流。在一些公司，工会禁止官方的目标协商谈话，因为，在德国这样的做法违背了企业的共同决定原则。但是没有人能禁止领导者与员工进行“信息性的谈话”。在这种谈话中，你可以向他们解释，从你的角度来看，部门在下一年中哪方面的发展最为重要，并且与每个人讨论他在其中所能做出的贡献。“信息性谈话”的结果应落在纸面上，并且交付给员工。大多数员工对这样的谈话反应积极，因为他们希望自己有目标可以遵循，并且在提出的要求兼具挑战性和可实现性的情况下接受考核。

目标描述的是一种状态而非一个过程

如果你希望通过给员工设定目标，从而使他们的注意力集中于少数重要的事情，那么需要注意几个重要的规则，因为人们经常无法正确地对目标做出描述。

我们多数情况下追求的是一种状态，而非一个过程，因此目标所描述的应该是一种状态。实际上它经常被错误地描绘成一个过程。例如，当问某人的目标是什么时，他会回答想建造一所房子，往往就会像下面这句话：“我的目标是建一所房子。”实际上这是目标吗？绝大多数情况下，答案都是“不算”。谁愿意去建造一所房子？建造房子对很多人来说其实意味着劳心劳力。他们的实际目标应该是：“在 12 月 31 日，我和我的家人能够住在属于自己的新建的房子里（状态）”到达它的路径当然是首先要建造一所房子（过程）。我们表述自己的目标，一般来说应该是在我们做了该做的工作从而达到了目标时所处的一种状态。

但是，不可混淆的是：业余时间里的消遣能够给我们带来欢乐。在这里，过程实际上就成为目标。例如，一位老爷车粉丝可以亲手整修一辆古董车，不计时间成本。他的目标其实等同于过程：“我的目标是修理这辆车。”而在职场中，目标通常无关过程，而是达到某种状态。如果我们的老爷车粉丝是一位职业的汽修工人，以此来赚钱谋生，那么他实际上也就不再仅仅出于兴趣，而是遵循于时间来工作了，因为他必须达到一个与客户商定好的具体的目标。这个目标可能是：“在 8 月 30 日修好这辆车，保证它整装待命，需要时能够上路。”

目标设定的 SMART 原则

设想一下，为员工设定目标可以帮助他们在一年中将精力集中于重要的事情上，因此，也就要求目标务必清楚明确。在这上面花些功夫绝对物有所值，因为这样可以避免误解，节约时间。设定目标应该遵循著名的 SMART 原则：

S=具体明确（所有的参与者清楚地知道目标的内容）。

M=可衡量性（目标达成的程度是可以测量的）。

A=可实现性（具有挑战性，但是不能过度困难）。

R=现实相关性（目标是可以达到的，并且可以通过个人的行为促使它的达成）。

T=时限性（目标要在一个约定的时间内达成）。

很多经理可能听说过 SMART 原则。可惜，令人吃惊的是，很少有人使用这个方法设定目标，因为困难之处隐藏在细节之中。所以，让我们逐条地，更加仔细地了解一下它如何在现实中应用。

S 代表具体明确。目标必须清楚地表明要达成什么。在这里要注意，那些不够具体的词汇，如“快速的”“全面的”“大的”“有效的”，不应出现在目标的表述其中。有时候，人们无法一眼辨认出目标表述中存在的含糊。例如，我们看一下下面这个由一位主管生产的中层经理设定的目标。它是这么说的：“到 12 月 31 日，要为生产工作建立一个质量圈。”这个目标乍听之下非常具体。但如果仔细观察，就会发现，什么时候可以确认为设立了质量圈？质量圈是一个自发的、定期开会的、以质量优化为目标而进行讨论的小组，所以，什么时候能够认定这个小组成立了呢？

- 是确定定期参会的人员名单的时候吗？
- 是组员碰头开会的时候吗？
- 是小组形成了质量优化建议的时候吗？
- 是质量优化方法得到实施的时候吗？

你可以发现，“建立”这个概念仍然有些笼统。这位经理在年末的时候会和他的老板说：“我这里有一份将来会参加质量圈的员工的名单，质量圈已经建立起来了。”他的老板会回答他：“我拿这个名单有什么用？我要看到的是优化建议，这才是我所理解的质量圈的设立，不是形成什么名单。”只有在所有人对要达到的目标毫无异议时，它才能称得上是具体的。

M 代表可衡量性。设定目标时，一个重要难题在于为目标的达成找到合适的衡量标准。在这个问题上非常值得投入时间，以便找到明确的评价成功的定义。就此请做下面的练习。

练习

你从多个渠道获悉，员工对你手下的一位经理非常不满。因为他在做决定时独断专行，即使在时间充足的情况下也不与其他员工沟通。而且，他很少将责任下放，对待经验丰富的员工，也要事无巨细地过问。这就让那些工作多年的员工失去了工作热情。你观察了他的行为，并且在员工谈话中就此与他进行了沟通。那位经理认识到他的领导方式会削弱员工的积极性，并且决定要对此加以改正。你想就此为他设定一个要达到的目标，目标的方向是“让更多员工参与决策制度”和“将更多的责任下放”。

- 思考针对这个目标的评价标准。
- 怎样才算完成了目标设定？

你想到了哪些有效的衡量标准？很多经理觉得在上面的情况下难以找到合适的衡量标准，因而没有进行目标设定。这样一来，下级就只得到了一个模糊的意见“你看看，当时你是怎么做的啊。”但这是错误的，因为没有具体商定的目标，这位经理很快就会在日常工作中将之抛诸脑后，并且回归习惯的行为方式。在上面这个练习中，人们可以通过，时常询问一下这位经理，“民主决策”和“责任下放”目前做得怎么样，并且一年后再进行一次调查。于是，目标就成为要使员工评价满意度提升×个百分点。对下属进行这样的调查尽管属于非常有效的评价标准，但在现实中很少加以实施，因为，一方面这样的做法成本昂贵，另一方面也会使得这位经理在员工面前失去颜面。

一位中层领导者曾经在上面的情况下对他的基层经理做出规定要在什么时候，以怎样的方式将他的员工纳入决策过程中，以及将更重要的工作进行授权。目标就确定为：“在 9 月 30 日要提交 10 份由领导确认过的员工参与重要决策和工作授权的文档。”文档工作的成本对于基层经理来说是可以接受的，因为他只需要提供那些涉及重要决定及重要的工作授权的内容。同时在这个过程开始后，每 14 天这位经理要向他的老板就这两件事情进行汇报，共同讨论其成效和继续改善的空间。两个月之后，谈话的频率调整为每月一次。

这个方法取得成功的关键在于，在每次进行的谈话中，不要让这位经理感觉受到了监管，而要让他将其视为一次学习的过程。想要做到这一点，需要上级创造友好的氛围，并积极给予意见来实现。确定目标、将成果文档化和定期的会面使得这位经理在很长一段时间内始终将注意力集中在这个问题上。这个过程持续了半年时间，这位经理的领导方式改变了，并得以持续下来，他也切身感受到了改进后的行为方式所带来的长期的积极效果。

A 代表可实现性。达成目标对于相应的人员必须是一种挑战。目标不能是针对自己的，而应该针对相应的人员并对其能力提出挑战。同时，这个目标又不能过高。将一个刚刚接触跳高的人的目标设定为 1.6 米可能已经是一种挑战了，但对于一个经验丰富的跳高运动员来说，这样的目标显然太小儿科。你必须考虑每个人的经验水平和你对他能够提出的期望。通过谈话使得你对他，以及他对自己做出的评估不断调整并实现平衡。

R 代表现实相关性。目标的达成要在可以达成的框架内。除此之外，目标达成的程度要能够受到个人行为的影响。因此，我们就不能将中彩票头奖设为自己的目标。即使你将个人的全部财产用于购买彩票，达成目标的概率仍然极其微小。这个目标更多取决于偶然性而并非你的表现，因此它也就是不现实的。

T 代表时限性。必须明确给出目标达成的时间。在现实中，这一点也并不是那么容易做到的，因为有些过程在开始之后无法确定其结束的时间。例如，研发工作往往就是如此，结束的时间要取决于在过程中的发现。但在大多数情况下，设定一个截止时间仍然是可行并且有益的。

现在，你已经了解如何利用 SMART 原则形成一个目标，以及目标应该是一种状态而非过程。要想形成可衡量的目标并非总是轻而易举，没有努力与思考往往无法做到。所付出的时间终究会带来回报，因为这能够帮助你在一年的时间内调动员工的注意力，使其集中于重要的事项上。

关于设定目标的其他内容

通过协商或由领导者确定。如果可能，应该与员工共同确定目标。员工亲自参与并给出建议，会使他的积极性得到提升。当然会存在那些低估自己、高估自己或根本不想接受考核的员工，在这样的情况下，可以尝试在讨论中取得一致。如果无法使用这样的方式，那么，作为上级，你利用 SMART 原则确定目标就变得非常重要了。即使是由领导者个人确定的目标，也具有引导员工注意力，使其集中于重要事项上的作用。

个人要对目标的达成而不是过程负责。很多员工，有时甚至包括领导者，不对目标的达成而是对其过程负责。重要的不在于做了些什么，而在于取得了怎样的结果。这是一个态度问题。我认识一位项目经理，他拥有非常好的声誉，正是由于他会在协商后承担起达成目标的责任。他总是能够在确定的预算下，在规定的时间内，将商定的目标实现。这就是他给自己规定的评价标准。在他的定义中，关键问题是“是否达到了这个状态”，而不是“做了些什么事情”。

当你申请购置了一所房子，你就会希望在合约规定的时间内入住。你会希望目标 100%达成或在出现问题时获得及时的反馈。你一定无法接受一个未完工的房子和满嘴借口的承建商。当然，总会有不可抗拒因素造成的无法完成的情况。在这样的情况下，员工可以也应该及时进行沟通。你也就可以就此做出应对，调整或商定一个新的目标。但不该发生的是，员工在年底时告知你目标没有达成，并且手拿一张列着所有付出的努力的清单，以此来表示“他一直在努力”。给予员工选择达成目标路径的决策自由，但他们同时也要明确表示对任务结果负责。永远要将一个重要的目标与一个具体的人绑定，而非一个小组。一旦个人承担了目标达成的责任，其得到实施的可能性就会大增。

不是所有人都需要目标。对于那些规定了要进行目标设定的谈话的公司而言，为每个员工设立目标就是一种责任。但这么做有时没什么意义。有些职能，其大部分工作都是由常规工作组成的，对这样的工作设定目标将是困难而徒劳的。在这样的情况下，所确定出的经常会是一些虚拟的目标，你完全可以省下这样的时间。

练习

你是否为自己设定了清晰的目标？你是否知道衡量自己成绩的标准是什么？填写下面的问卷。如果你能很快并且毫不犹豫地回答所有的问题，那么，你至少对自己的目标有清醒的认识。将这个问卷分发给你的基层领导，他们是否也能立即回答所有的问题呢？

我的上级的目标是什么？

1. ________________________________。

2. ________________________________。

3. ________________________________。

我自己的目标是什么？

1. ________________________________。

2. ________________________________。

3. ________________________________。

我的工作是根据什么标准来进行评价的？

1. ________________________________。

2. ________________________________。

3. ________________________________。

为了达成目标，我会做些什么？

1. ____。

2. ____。

3. ____。

会出现什么样的问题和困难?

1. ____。

2. ____。

3. ____。

我还能为我的上级和公司提供哪些帮助?

1. ____。

2. ____。

3. ____。

不均衡法则

作为中层领导者，你会负责管理基层领导者，作为基层领导者的上级，你实际上在管理一个扩散性的网状结构。你所传递给基层领导者的，会再次对他们的员工产生影响。领导这些基层领导者的一个核心任务，就是要告诉他们，并以身作则地示范应该如何关注于重要的事情。要做到这一点，你应该运用不均衡法则。这个法则描述了一个领导自己和基层经理的核心原则。你肯定已经听说过这个不均衡法则，人们也称之为 80/20 法则或帕累托法则。这个不均衡法则是在 100 多年前由研究财富分配的意大利经济学家帕累托发现的。他和后来无数追随者研究的基本观点是，人生在大多数情况下，原因和结果、收入与支出、付出与收获方面，不均衡都占据着主导地位。

对于这种不均衡可以给出很多例子：

- 20%的客户创造了80%的收入。
- 20%的产品创造了80%的盈利。
- 20%的机器生产了80%的次品。
- 我们20%的工作造成了自己80%的压力。
- 投资组合的20%产生了80%的收益。
- 20%的司机应对80%的事故负责。
- 20%的病人花费了80%的医疗费用。
- 20%的罪犯犯下了80%的罪行。
- 地毯20%的部分承受了80%的磨损。
- 你20%的努力产生了80%的成功。

尽管分配比例不一定永远符合80/20法则，但大多数情况下确实如此。例如，eBay 20%的卖家实际上产生了80%的收入，这个比例也可能是30%的用户产生了80%的收入，或者20%的产品创造了90%的利润。从这些例子中，我们需要理解的是不均衡的存在。它在工作和私人生活中无处不在，却很少为人知觉，图5.3反映了人们对这一法则的忽视。

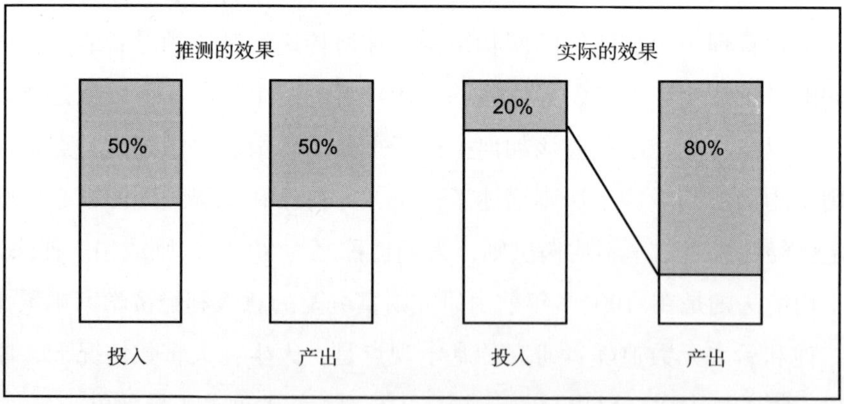

图5.3　人们对不均衡法则的忽视

对于领导者的工作，不均衡法则格外适用。对于一个想要翻整一块草坪的人来说，完成了 50%的工作就意味着获得了 50%的结果；对于那些简单劳动，实际上存在着平均分布的关系。作为领导者，75%的工作时间已经被员工、老板和客户 3 个群体所占用，如何使用剩下的 25%的宝贵时间则会带来巨大的区别。有一些工作存在着 1∶1 的投入产出比（一个单位的投入产生一个单位的产出），同样有一些工作的投入产出比是 1∶10 的关系。例如，你用 1 小时的时间进行多个谈话，从而把工作分派下去，那么你相当于完成了很多事情。这类工作就会产生一种杠杆效应。

作为中层领导者，你会一直面对紧急事务。我们主观上会把这些紧急的事情视为重要的事情，客观来看，多数情况并非如此。具有较高杠杆作用的工作才是重要的工作，反之亦然。领导者所面临的重要问题是：

“哪项工作具备最高的杠杆作用？”

而不是“这项工作有多么紧急？”另一个重要的问题是：

“所有紧急的工作中，哪些是可以先放一放的？”

给基层领导者做出表率，告诉他们应该如何确定优先顺序，要让你的思考和行为方式透明化，以便让他们向你学习。如何将不均衡法则具体运用到日常领导工作中呢?

为 20%的事情做决定。身为领导者，你每天需要做出各种决定，但其中只有很少一部分是真正重要的。将所做的决定按照重要性从 1（完全不重要）到 10（极其重要）分档。7 级及以下（高层领导者设为 8 级）的决定委托给基层领导者和员工处理。但要避免将过多的决定划分到 8 级、9 级、10 级中，没有那么多难以委托的重要决定。80/20 法则方面的专家理查德 · 科克在《80/20 法则》一书中推荐：“不要纠缠于那些不重要的决定，尽可能地把所有事情授权出去，如果不能这么做，就考虑一下哪个决定正确的可能性是 51%。如果某个时候这种方法行不通，就投个硬币吧。”领导者应该以身作则，将这种高效的决策方法传授给基层的领导者。

相反，对于那些确实非常重要的决定作者给出了如下建议：“用 25%宝贵时间的前 20%收集 80%的数据，执行 80%的相关分析，做出 100%可行的决定，然后坚定不移地、仿佛对自己的决定有 100%把握地那样将它付诸实施。为了帮助记忆，你可以将它视为 80/20/100/100 决策原则。”同样重要的是，尽管你坚定不移地开始执行这个决定，但也要能够在证实其错误的情况下迅速进行修正。在现实中，这一点往往难以实现，因为这样就必须有人为这个错误承担责任了。

20%的员工。每个公司和部门都存在优秀员工、一般员工和后进员工。领导者应该要搞清楚，谁是为你的公司或部门创造了大部分业绩的优秀员工。这不仅针对你的直属下级，还包括手下所有的员工。领导者要明白，不是所有的优秀员工都是那么令人瞩目或者善于邀功。在现实中，与优秀员工相比，领导者往往对后进员工更加关注，原因在于优秀员工从未带来任何困扰。但这样的做法其实是错误的，要关注那些表现优秀的员工。这就好像一个德甲俱乐部的教练为了获得最好的成绩，就要用更多的时间关注手下的明星球员。领导者也应该更多关注手下的优秀员工，如果对那些明星球员视而不见而只关注那些“板凳球员”，会发生什么呢？明星球员会另谋高就，寻找更珍惜他们价值的俱乐部和教练。

你是否知道，什么会使优秀员工和基层领导者深受感动？他们对自己的工作感觉如何？他们追求的是什么？他们希望向哪个方向发展或者什么令他们心烦意乱？

如果你定期与优秀员工进行沟通，就可以马上回答出这些问题。你的基层领导者也能够针对他们的优秀员工回答同样的问题。你要为基层领导者考虑，哪些人是他们的优秀员工。可以和基层领导者一起，通过讨论找出他们团队内的优秀员工，并确定你们可以为那些员工做些什么。

自己手下的明星员工辞职时，领导者会感觉吃惊。毫无疑问，这些优秀的员工能够找到新的职位，有些情况下，如果领导者对优秀员工的需求给予更多关注，至少可以让那些员工觉得，选择离开是一个艰难的决定。这就好比邻居的草坪感觉总是比自家的更为亮丽一样。要使那20%的员工感觉难以离开你所领导的这个部门，首先，要把本部门内蕴含着最大机会的工作交付给他们，因为这些工作既吸引人，又能提供获取成功的可能性。你要想到，在交付一位优秀员工一个新的工作时，应该同时让他停止原来的工作。如果优秀员工承担越来越多的工作，他们总有一天会觉得能量耗尽，并且选择更换工作。

20%的项目。在哪些项目中投入资源？你可以通过战略性的项目管理，从系统上解决这个问题。但是，现在很多公司对此还缺乏认识。此外，管理层无人知晓，项目在公司的哪个领域运行，以及它的重要程度。这就令人吃惊地导致了次要的项目占用了巨大的财务和人力资源，公司真正的核心项目却承受着资源不足之困。资源没有依照项目的实际意义，而是依照销售人员的天赋和项目经理的关系来进行分配。也有一些公司进行战略性项目管理。管理层会列出一个按照排名形式制定的清单，包含10个最重要的项目并以此为依据进行管理。这样就清楚地定义了每个项目具有怎样的意义。可以支配的财力和物力会优先分配给这10个项目。在你的部门，是否也有这样一张清单来表明当年所有最重要的任务？哪些是核心项目？

你要把有限的资源分配给谁，分配给哪个项目呢？如果你没有对此进行思考并积极地进行管理，那么你手上的资源就会像魔术般消失。要注意的是，给那些在你看来最为重要的项目分配人力和财力往往并非难事。真正的困难在于，如何避免给那些次要的项目分配资源。你可能因为无法满足需求，而当面拒绝一位积极性颇高的基层领导者。对你和那位领导者而言，这都会是痛苦的事情，但也只能如此。因此，要就下一年的项目的优先排序进行沟通，这样，员工才能更好地理解为什么资源会流向特定的项目而不是其他项目。此外，你应该将最优秀的 20%员工安置在这些具有最重要意义的项目上，以保证它们取得真正的成功。通常来说，推荐使用的方法是将最好的员工安排在最有机会的，而不是问题最大的项目当中去，因为只有机会中才存在增长的潜力。

20%的行动。对每一位领导者而言，都存在那些具有极高杠杆效应的行动。将你的时间首先投入这样的工作当中。20%的行为包括：

- 定期思考自己、员工和部门的优势和劣势。
- 将工作及与之相应的责任授权出去。
- 与员工进行谈话。

要在日常工作中找出属于你的那 20%的工作，同时帮助你的基层领导者完成同样的事情。

这些就是 80/20 法则的一些例子。作为领导者，要时常想到不均衡法则，并要在领导工作中运用杠杆原则。要经常就你和基层领导者应该做哪些具有最大杠杆效应的工作进行思考。同时也要确定，哪些工作尽管紧急，却不需要马上解决。

通过上一章的优势劣势分析，你已经明确了当前的状态。通过本章中展示的 3 个步骤“专注于少数重点”“目标设定的艺术”和“不均衡法则”，就可以达到自己所希望的状态了。

第7章 激励员工

直到今天，我尚未遇到会为了获得批评而非认可去努力工作的人，无论这个人声名有多么显赫。

——查尔斯·施瓦布（美国钢铁工业家）

本章讲述领导者提升员工积极性和创建良好工作氛围的能力。

KITA激励法

“积极的 KITA 方法”是在很多公司中广为流行的激励方法。这个名字到底是什么意思呢？KITA 代表的是“Kick In The Ass”，中文意思是“踢屁股”，共有 3 种不同的 KITA 方法。

消极的身体性 KITA。这里使用的是 KITA 的字面意思。体罚在 20 世纪的前半叶不仅适用于家庭中的儿童教育，在工作领域，也是被认可的用来激励员工的手段。今天，这个方法在很多国家仍然被使用。

消极的心理性 KITA。它指的是利用权力等级来实施带有心理威慑的领导。很多领导者所掌握的员工领导方式统统可以归结为制造恐惧和压力，这样的领导者也许在一段时间内创造出良好的业绩，因为他们不计代价压榨员工。他们所具有的普遍特征，就是频繁地在其领导方式的长期影响显现之前更换工作。由于短期内创造了良好业绩，这使得他们很容易找到新的工作岗位。继任者所面临的巨大困难，就是要在一个充满敌意和被恐惧包围的气氛中重建信任。

积极的 KITA。首先问一个问题，如果领导者对员工说："做好这个或者那个事情，你就会获得更多的报酬、晋升、奖励或其他什么形式的回报。"这是否属于激励？大多数管理人员会回答："是的，这是激励。"但正确的答案应该是否定的："不，这并非激励。"让我用一个驯狗的例子来解释。要让一条狗去取一根小木棍，但是它不愿意。于是主人会使用消极的身体性 KITA，换句话说，他会在狗屁股上踢一脚，它就会跑去把小木棍拿回来了。在这里，是谁获得了激励？答案是：主人受到了激励，而小狗只是为了避免挨打而做出了行动。如果主人选择使用积极的 KITA，他会把一块饼干展示出来（奖励），小狗则会为了获得奖励而拿回木棍。在这里，又是谁受到了激励呢？主人还是小狗？答案依旧是主人。小狗对木棍没有兴趣，它想得到的只是奖励。如果不使用踢一脚或奖励饼干的方式，小狗不会有丝毫兴趣去取回木棍，它并没有从内心获得激励。只有那些以此为乐的小狗，才能算从内心获得了激励。

关于如何激励员工的著作很多，包含了各种各样的理论，从"领导的激励是关键要素"到"领导激励员工这一观点完全是一种幻想"。而在实际中，到底是怎样的呢？什么会对人产生激励作用？就这个问题，来做下面的练习。

练习

思考一下，在你的职业生涯中，哪个阶段令你觉得动力十足，获得这种动力的关键因素是什么？

你是否进行了思考？在那个阶段，是什么令你获得了激励？为什么你在工作中会充满热情？至少要给出一个精练的回答，这样你才能将自己的想法与下面的详细内容进行比较。大多数人在职业生涯中都受到了相同因素的激励。在我早先进行的研讨课中，我会让中层领导者以小组的形式就这个问题进行讨论，各组给出的答案非常相似：

- 认可。
- 挑战。
- 工作内容。
- 责任。
- 成就。
- 氛围（环境/同事/团队）。

几乎每个小组都会提到上面各项中的至少 4 项。当然，还会有其他不同的答案，但是出现的频率远低于上面所列出的。上面提到的激励因素是否包含了你从个人经历中得出的答案？非常可能。另一个发现是，下面几条从未被视作激励因素：

- 上级。
- 上级的鼓舞言论。
- 上级的激励谈话。
- 公司的激励活动。

这意味着什么呢？是不是说上级无法产生任何激励作用？那么，在韬睿咨询公司进行的调查中所显示的员工离职的第二大原因是“与上级的关系”（排名第一位的是“晋升空间”），又该怎么解释呢？它表示，领导者确实对员工激励起着非常重要的作用，尽管在调查中它是以负面角度出现的。我们其实可以从赫兹伯格的激励理论中获得这个问题的答案。

激励与保健因素

美国教授赫兹伯格是双因素理论的创造者。在这个理论中，他将激励因素划分为保健因素和激励因素。

保健因素涉及的是人们的工作环境，它要能够满足人们的基本需要，如定时进餐、遮风挡雨的工作场所。如果工作场所缺少保健因素，会造成积极性和表现的下降。尽管它是令人满意的工作环境的先决条件，但是，这类因素的满足并不能激励人们更加努力地工作。

保健因素包括：

- 薪酬。
- 人事政策。
- 与上级的关系。
- 与同事的关系。
- 工作条件。
- 安全。

激励因素与此完全不同。按照赫兹伯格的理论，如果具备了激励因素，人们就会积极主动地带有乐趣地努力工作。究其原因，激励因素会对员工的工作态度产生积极的影响，并使得他们第二层次的重要需求得到满足。这些需求包括对获得赏识、认可和占有重要意义的愿望，以及通过自己的工作获得自我实现与生活意义的需求。

赫兹伯格理论中的激励因素包括：

- 成就。
- 认可。
- 工作内容。
- 责任。
- 晋升与提拔。
- 成长。

可以看到，这些因素几乎与前面中层领导者就这个问题给出的答案相同。也许在刚才的练习中你也给出了相似的回答。

如果领导者缺乏能力又令人生厌，长期而言，员工就会产生不满情绪，并造成积极性下降，因为这里缺少了“与上级的良好关系”这一保健因素。如果一个人与上级相处融洽，但是工作内容枯燥无聊，那么，尽管他的上级亲和友善，对他也只能产生极为有限的激励作用使他充满热情地去做这份枯燥的工作。这样的情况尽管具备了“与上级的良好关系”这一个保健因素，但是仍然缺少激励因素。上级友善可亲，只能有助于产生稳定的工作业绩，难以使其提升。因此，一位好的领导者从其直接作用来看只是一个保健因素，他的工作首先就在于不要因自己的行为使员工的积极性受挫。但是他也可以通过在激励因素中发挥作用来鼓舞员工，例如，他可以依据员工的优势来分配工作。

不是每份工作都能够提供令人激动的“工作内容”和“责任”这类激励因素。低技能工人的晋升与取得成功的机会往往也非常有限。在这样的情况下，上级就应该注意创造出保健因素，包括他的领导方式。对低技能工人来说，存在的唯一激励因素就是“认可”。有些领导者只看重出众的业绩表现，而这些员工因受其岗位的工作内容限制几乎永远无法有这样的表现。但如果他能努力工作，保持良好的表现和可靠性，那么，领导者也应该对其表现出的连续性予以认可。图 7.1 总结了影响工作态度的诸因素。

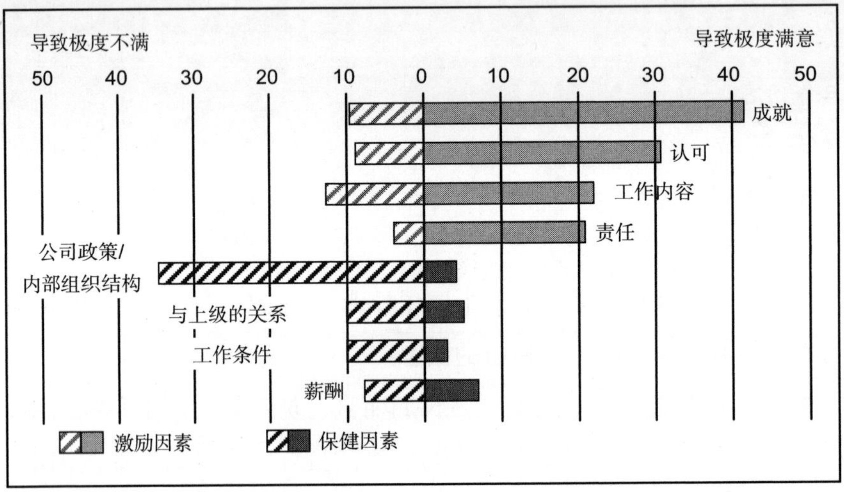

图 7.1　影响工作态度的诸因素

表 7.1 展示了保健因素和激励因素组合时所能产生的 4 种选择。

表 7.1　保健因素和激励因素组合

	不具备激励因素	具备激励因素
具备保健因素	尽管没有任何不适，但是员工缺乏动力；工作被看作例行公事；无法产生超群的业绩表现，缺乏与雇主和自身工作岗位的强烈的关联感；优秀员工会在这样的情况下很快离开	员工充满干劲，并且感到愉快和满足；这是获得顶级表现的基础；在这样的环境中，工作使人获得乐趣；员工乐于效力于公司，且会积极地为雇主进行口碑推广

续表

	不具备激励因素	具备激励因素
不具备保健因素	员工毫无动力，感受诸多不快；这是最糟糕的情形；长期而言会危及公司生存；其结果是强烈的动荡；只有业绩表现差强人意的人才会留下，其他所有人都会逃离	员工因工作内容令人兴奋和充满挑战而获得动力，但是因为工作条件不尽如人意而感到不满；优秀员工会停留一段时间，但终会在某个时刻决定离开

保健因素在某些时候也可以产生短暂的激励效果，首先体现在某人已经很长时间没有获得某一特定的保健因素的情况下，如工资太低或者领导太差。但是，重新获得这种保健因素后产生的激励效果无法长期持续，就好比我们买了一辆新车，头几个星期会格外兴奋，此后就逐渐失去了感觉。激励因素的作用是可以长久保持的。

越是简单而标准化的工作，保健因素就越为重要，这时，它们甚至可能成为激励因素。（新闻业内的倒班工人如果收入不错，领导亲善，那么他们就会感觉满足。）

越是自身条件优秀的员工，越会把保健因素视为理所应当，而激励因素也就显得越为重要。激励因素的缺乏很快会导致高素质知识型员工的不满情绪。对他们而言，激励因素甚至可以部分地被视为保健因素。（高素质的优秀员工会将令人激动的工作内容看作保健因素。）

最有效的 4 个激励因素分别是“工作内容”“责任”“认可”和“成就”。身为领导者，你可以对前 3 项产生直接的影响。下面，我们对这 3 个因素进行更加细致的描述。

工作内容

作为领导者，你可以决定员工大部分的工作内容。当然，会有岗位职责描述和规定的任务，尽管如此，你仍然可以决定由谁来承担额外的工作和项目。一个充满挑战的项目不会令每个人都获得相同的愉快感觉。如果通过定期思考了解了某人拥有某项特长，你就可以对任务进行恰当的分配。如果可以依据自己的特长工作，员工就会觉得工作轻而易举，并且能够从中获得快乐和成功。很多领导者低估了根据特长分配工作所带来的激励作用，并且很少思考什么样的工作要在什么时间分配给哪位员工。领导者要根据员工的特点，对可以预计的工作进行提前分配。如果员工能够从中得到乐趣，他们也就不再需要与领导者的激励谈话了。因此，在权力许可范围内，领导者应该利用这种方式来进行任务分配。

责任

图 7.1 列出了赫兹伯格理论中 4 个最重要的激励因素，责任在其中位列第四。图 7.1 中未能展示的赫兹伯格研究的另一个维度是单一激励因素效果的持续性。各因素作用时间长短不一，例如，尽管成就是最为强烈的激励因素，但缺乏激励作用的持续性，因此就需要不断产生新的刺激。责任在所有的激励因素中具备最长的作用时间，并由此会带来对于工作强烈的、长期的满足感。将责任进行授权，不仅为你自己减轻了巨大的负担，也会使员工感到巨大的激励。因此，尽可能将充满挑战的工作连同相应的责任和处决权一并授权给员工。如果某位员工缺乏经验，可以将工作内容和责任分开。工作交付给一位缺乏经验的员工，而将责任授权给一位经验丰富的员工。赋予了员工多少责任，为自己减轻了多少负担，以及员工在多大程度上获得了激励完全是并且只是取决于领导者！

认可

领导者会对认可产生直接的影响。德国的领导者喜欢使用古老的施瓦本规则，那就是："不骂你就等于是表扬了！"此外，真正的施瓦本人在回答老婆关于食物是否好吃的问题时，会说："谢谢，很好吃。"人们对于施瓦本人这种文化特征的认可，对领导者而言，就是严重缺乏沟通技巧的体现。多个就工作满意度进行的调查显示，"我没有得到足够的认可"总是位列第一。达石公司在欧洲范围内进行的一个调查显示，欧洲 57%的员工认为自己的成绩获得了上级的认可，荷兰员工的评分最高，高达 87%，德国排在最后，只有28%的受访者表示，他们的工作获得了认可。即使我们对这些研究持保留态度，鉴于我多年的培训经验，仍然可以确认，很多人表示，自己几乎从未得到过积极的反馈并因此深感苦恼。

如果想批评某人，领导会安排一次谈话，并告知对方自己所看到的和听到的，以及它们会对员工和部门造成的负面影响，谈话往往持续半小时或更长时间。但当我们对某些事情感到满意时，则会照搬施瓦本原则，要么一言不发，要么会说："干得好，穆勒女士！"而这个陈述最多只用了 3 秒钟时间。与持续半小时的批评相比，这算什么啊。为什么领导在处理积极的反馈时会忘记那些在研讨课上一再强调的规则？为什么只有在批评员工时运用这些规则？领导者在批评员工时会具体到细节，在表扬时却笼统概括。很多领导者需要学习如何进行表扬，或者至少要学习改进自己的方式。接下来你看到的是在进行认可性的反馈时最为重要的规则。

准确地表达赞扬。不要只说一句"太棒了！继续下去！"。领导者应该认真思考，具体是什么使你感到满意，然后针对细节进行表扬。例如，如果一个人写了一篇文章，那么你就要告诉他，自己格外喜欢哪些段落，原因是什么。这种差异性的反馈远比笼统地表扬更使员工高兴，会让他觉得你确实对他的文章进行了认真研究。

及时地进行表扬。如果就一位员工刚刚完成的某项工作进行表扬，那么，此时他的情感还完全沉浸于这个工作当中，这个工作仍然是他的“孩子”，正令他感到骄傲。几周之后甚至几个月之后，他早已开始了其他工作，此时再进行表扬，尽管他也会高兴，但认可所产生的影响已远远不及当初那个时刻了。

就所观察到的行为而非性格特点进行表扬。适用于批评谈话的规则，同样适用于表扬。要陈述你所观察到的及其会产生的影响，而不要对性格进行推测。对员工来说，对表现出的行为的具体反馈比对性格的笼统陈述更有价值。你要说：“我知道，为了使得项目准时、成功地完成，你在过去一段时间经常加班。我非常感谢你的付出。另外，也包括你对团队的良好协调。我深信……”而不要说：“你知道我欣赏你什么吗？那就是，你是一位实践者，而且非常善于与人沟通。”

针对各自的优秀表现进行表扬。对某人而言属于优异成绩，对一位经验丰富的员工可能只算常规表现。要针对每个人根据自身水平取得的优异成绩进行表扬。那些刚刚开始工作，尚欠成熟的人，他们的优异表现可能只是一些小事情。

针对某人的良好表现进行持续表扬。不是所有人都有机会在工作中取得超群的成绩，并以此获得荣耀。一位兼职秘书日复一日表现良好，却从未在某件事情上获得关注。在这样的情况下，你可以针对她表现出的持续性进行表扬。向她表示认可，时常告诉她，你对她的哪些行为尤为欣赏（如可靠、准时、好脾气等）。

要处在平等的地位上进行表扬。有些领导喜欢在表扬时采取俯视的态度。他们所说的内容尽管是积极的，但给员工的感觉好像爸爸在夸奖他们的孩子：“舒尔茨先生，这个项目做得不错，我对此深怀敬意，继续坚持吧！”他们所表达的是关于这位员工的一些事实，但最好能用一种平等，而非自上而下的态度。是否采取了平等的态度，很容易就可以检验出来：如果你在上司面前采用相同的语调和肢体语言去褒奖，那么很可能就是平等的态度，如果你从未对上司采用相同的态度，那么，就很可能是一种俯视的态度了。

偶尔利用其他标志。通过使用标志和手势，来增强表扬的作用怎么样？例如，你可以在夸奖一位员工前，首先与他握手并表示祝贺。你可以通过书面方式对一位员工取得的优异成绩进行赞扬，当然不是指电子邮件，而是通过印有公司标志的书信。可以将一位员工引见给自己的上司，并在上级在场的情况下，对员工的贡献给予表扬。或者可以请求你的上司在见到你手下某位员工时主动攀谈，并对他优秀的工作表示感谢。设想一下，老板的老板如果对你说，他听到了很多关于你的正面评价。你有何感想？或者，你可以给一位经常加班的员工的妻子送一束花，并附上一张“道歉卡”。人们喜欢那些对其成绩表示肯定的标志。即使规模最小的俱乐部锦标赛也要为胜利者设立奖杯的做法不是毫无道理的。

经常向那些缺乏经验和深陷困境的员工提出表扬。表扬要针对取得的卓越成绩，不能因滥用而使其失去效果。对那些年轻而缺乏经验的员工则是例外，他们需要表扬，来认识哪些是正确的行为，同时，也可以为承担更大的责任做好准备。同样，对于那些因私人原因而身陷困境的老员工也要给予更多赞扬。因为，在这样的时刻，人们会对自己产生怀疑，丧失安全感，并且感觉受伤。在此情况下，表扬可以帮助他们重建自信，聚集勇气。

既要有私下的赞美也要有公开的表扬。当众表扬内向的人，对他们而言更像受罪。外向的员工则会觉得私下的表扬不能算真正的表扬，因为没有让别人知道，在这样的情况下，哪怕只有一个第三者在场，也就足够了。要注意的规则是：用接受者所喜欢的方式进行表扬，因为表扬应该让他感到高兴。对于人人都有机会取得的成绩，领导者应该进行公开表扬。举一个例子，需要有人加班，可没人愿意，因为他们都打算美美地享受夜生活。所有人都别过头去，默不作声，直到有一个人主动站了出来。对于这样的行为，一定要在整个团队面前加以表扬，因为每个人都有同等机会获得表扬。

制作一本“表扬花名册”。记录下一年中某位员工在什么时候取得了对他而言出众的成绩。如果每年进行两次员工谈话，就可以向他讲述在这半年内所取得的个人成就，以及你为什么想要对他表达感谢之情。你没法想象，如果他知道你记录了关于他的点滴，会感到多么的兴奋。没有记录的话，我们会很快忘记许多事情，在进行员工谈话时只能想起最近 4 周内所发生的事情。或者，你还能记得员工在 6 个月之前做过些什么，还能想起是哪位员工曾经取得了出众的成绩。此外，若不做记录，如果在员工谈话时给出了积极的评价，员工有加薪要求，领导者也无据可查。

可以看到，通过“认可”“责任”和“工作内容”这 3 个激励因素，领导者能够为员工创造诸多动力，所产生的影响明显大过提供回报或进行激励性的讲话。

相信员工的诚信

另一个能从正面影响员工积极性并创造良好工作氛围的因素就是信任。你的部门是否有信任的氛围取决于多个因素，如员工对公司的信任程度。如果已经发生多次解雇风潮，甚至出现过丑闻，这当然会对员工的信任感造成负面影响。身为领导者，尽管你努力降低这类事件的影响，但在这样的情况下，要重建高度的信任已变得非常困难了。与之相反，你可以使员工对你个人的信任产生直接作用。在此，本书“诚信”一章中所提到的行为方式很重要，如果你能够言行如一，随着时间的流逝，人们自然就会对你产生信任感。

除了在公司中存在的信任文化，以及你作为领导者所获得的员工的信任，我们还研究出了第三种非常重要的信任形式，也就是你对员工的信任。这种信任可分为两种相互独立的类型：

- 相信员工的正直（然而人们也可能会因为相信“人性本善”而遭遇挫折）。
- 相信员工的能力。

我们首先研究一下信任的第一种类型，也就是相信员工的正直。如果你认为一个人是正直的，就会相信他诚实（如结算差旅费用时），对自己所言负责，并且不要诡计。同时，你也会相信，员工有动力且愿意努力工作，不愿意推卸工作。作为上级，从原则上来说，你应该相信员工的这种道德诚信，并同时在合理范围内进行测试，检验这种信任是否恰到好处。信任与控制是天平的两端，两方面同样重要。只有信任，没有控制，是领导者粗心大意；只有控制，没有信任，则会引发动力的极度缺失。罗马哲学家辛尼加曾说过：“完全信任或者完全怀疑，两者都是错误的。尽管因控制而犯错会提供更多的安全性，因信任而犯错还是更为值得尊敬的。”

每一位领导者都要面对的问题是，应该给天平的哪一侧增加砝码，是信任还是控制。如果认为人性本善，那么你会偏向于信任，谁愿意成为相信人性本恶的人呢？

即使人们不吝以最高的道德来揣度员工，也不能就此表现得太过天真。总会有些滥用信任的人存在。因此，有时就需要进行控制。谈到控制与信任，我们就不能不提到列宁。他对这个问题早就有了清晰的认识，尽管他所讲的话往往被人曲解并加以引用。被视为列宁格言的那句“信任很好，但控制更好”，已经被证明既不是列宁所讲，也没有任何记载和出处。在历史上，他经常会提到的那句话也许仅仅因为没有得到正确的翻译而被曲解，原文的意思本是：“要信任，但也要检验！”这句话给出了与上面一句完全不同的意义，因为这句话的重点在于信任，而非控制。列宁的这句“要信任，但也要检验!”在信任的范畴来说，可算得上一句箴言。要全心全意地信任员工，大多数人不会令你失望，而定期的抽查可以帮我们找到那些辜负信任的人。从长期来看，定期的抽查能为我们揭示出许多弊病。美国经济咨询师凯文·雷曼建议：“赋予员工行动的自由，但要明确告知其界限。不要将界限与控制相互混淆。”一如既往地信任员工，但要让他们知道滥用信任可能产生的后果。一旦出现这样的情况，要与当事人面谈，如果他给出的理由无法让你接受，要言出必行地进行处置。要在日常行为中向员工表达你对他们的信任，以及他们滥用信任会造成的结果。

相信员工的能力

相信某人并不代表可以托付某事。某人在你眼中可能是诚信的，但同时又是能力匮乏的。问题在于，你认为自己的员工具有怎样的能力？你是否相信员工还有成长空间，并且在以后可以接受更具有挑战性的任务并承担更多责任？

员工每天都能通过上级的行为感受到自己被重视的程度。也许你曾经听说过皮格马利翁效应，它是以奥维德所创造的艺术家的形象皮格马利翁命名的。皮革马利翁用象牙雕刻了一尊完美的女性雕像，并难以自拔地对它心生爱意。爱意如此炽烈，使得爱神阿芙洛庇忒为了他，特意给雕像赋予了生命。从此以后，“皮格马利翁”就成了人们因自己的期望与信仰而造就的东西的象征。很多试验显示，皮格马利翁效应能够从正反两方面产生重要影响。例如，一名学生给老师留下了第一印象，于是老师将他划分到聪明或迟钝的行列，那么这一评价就会在今后的多个场合一再获得确认。其原因并非基于这个学生真实的智商，而是在于老师在潜移默化中对学生传达的对他的期望值，如通过在课堂上给予学生不同程度的关注，学生回答问题时的等待时间，赞扬与批评的频率及强度，以及对学生成绩的不同期待。

对员工同样适用。领导者无法长期隐瞒对某位员工所持有的态度。对员工满怀信任的托付，通常会导致事情取得最终的成功。如果领导者对某位员工抱有较高期待，并且有针对性地向他提出挑战，这会增强员工的自信。他会认为这是合理的期望，并努力使之得以实现。美国哲学家拉尔夫·沃尔多·爱默生就此曾经说过："在生活中，我们最需要的就是那个将我们的潜力挖掘到极限的人。"很多人在工作时并未发挥出最大潜能，这里所指的并不是工作量的缺乏，而是指所要解决问题的难度和与之相应的责任。责任和相关决策权的委任具有强烈的激励作用，原因正是在于它会造成一种领导信任员工的直接印象。如果一位领导宁愿自行解决，不愿委托给他人，则清楚地表明他对员工缺乏信任。员工自然就会有所察觉。这样，领导既剥夺了员工的成长空间，也失去了自己的宝贵时间。

思考一下，到目前为止，谁令你取得了卓越的成就。

练习

思考一下，你在职业生涯中所遇到的领导者，谁给了你最多的鼓励和影响。此人到底做了什么，是什么给你留下了持久深刻的印象？

很多领导者在回答这个问题的时候会说，从前的某位上司给予他们很多信任，交付给他们特别的任务及相应的责任。因为人们总是乐于记起那些给予的信任和那些促使他们获得成长的卓越成就。也许曾经受到领导者的考验，而这在当时并未使他们感觉美妙。事实是，对那些经常将我们推至极限的领导者，我们总是会长时间保有良好的印象。实际上，其中的关键在于，要想使人们达到自己的极限，不是指通过加班的方式，而是指工作的难度和责任的重量。人们往往只有在经过上级的引导到达了那个位置后，才认清这里是自己的极限。当然，我们不能一直在极限状态下工作，因为它会给我们带来诸多损害。但我们应该时常去触摸这个极限，这样能使我们感觉自己的能力得到了充分的发挥。

领导者所面临的挑战在于评估每位员工的极限。每个人都会有一个舒适区，在这个区域内，我们会感到安全和幸福。所有属于这个区域内的工作，我们都具备完全的支配能力。处于舒适区外的工作则会使我们感觉到不安、恐惧，并嗅到失败的风险。例如，一位员工第一次在10位听众面前进行演讲，那么，这个任务就处在他的舒适区以外。一想到演讲就会令他感到不适，并且怀有恐惧。但在他进行了多次成功的演讲后，他就不会再感到紧张和惶恐了。这项工作也就进入了它的舒适区，因为其舒适区范围已经相应扩大了。如果这位具备一定演讲经验的员工现在要在 100 位听众面前演讲，这对他而言又是一个处于舒适区之外的任务了，他必须再次将这个任务融入自己的舒适区内。除此以外，还有一个恐慌区。如果必须解决一个自己看来属于这一区域的问题，那么，我们会感受到过度的压力和完全无法掌控的恐惧。例如，让一个毫无经验的人置身 100 位听众之前，这项工作对他而言可能就不只是走出舒适区，而是陷入恐慌区了。

作为领导者，通过时常要求员工走出舒适区，同时避免让他们陷入恐慌区，你可以帮助他们不断拓展自己的舒适区。很多员工在事后都会非常珍视这样的体验，离开舒适区的时候，他们经常因不安和恐惧而表现得缺乏热情。身为领导者，你必须经历这种状态，因为只有这样，你才能为员工的个人发展提供支持。要记住瑞士神学家汉斯·厄斯·冯·巴尔塔萨所说的：“我们毕生都在等待那些卓越超群的人，却没有想过在身边化腐朽为神奇。”从长期来看，员工会对领导者对他工作能力的信任心怀感激。

员工谈话

为员工提供激励的另一个方法是员工谈话。令人吃惊的是，很多公司并未对员工谈话做出明文规定，因此，也就从来没有得到过执行。很多领导者在被问到时纷纷表示，过去的十年中从未进行过员工谈话。我非常好奇他们的上级是如何了解自己手下员工，获悉他们情感需求的。咖啡机旁的闲谈尽管温馨和谐，却只能流于表面。在良好氛围中进行的深入交谈不会从天而降，而且也不能千人一面，它需要领导者进行精心的计划和细致的准备。

如果领导者能对员工的成绩予以褒奖，那么仅靠谈话就能产生直接的激励作用。但这样的作用不能持久。真正的激励效果来自间接地了解每位员工的关键需求，并在日常管理中给予关照。例如，你可以从谈话中得知哪些工作会给员工带来乐趣，哪些工作会令他们感到不快。你还可以了解，员工的最高追求是什么，如何能让他们产生最大的动力，以及他们对自我发展的期望。特别是那些优秀员工，他们往往对于自己看重的事项有着明确的排序。第一位员工享受着奢华的生活方式，于是加薪对他就具有重要意义。这样，人们就可以用加薪的方式使他获得动力。对第二位员工而言，名片上的头衔，以及其他地位的象征，如更加宽大的办公室或公司配车，则更为重要，那么升职不加薪远比加薪不升职更能打动他。第三个人关心的是能否从领导者这里获得海外工作的机会，对他而言，地位和金钱的重要性就大大减弱了。第四个人想要获得继续深造的机会，并想参加一个管理培训课程。第五个人期待能够令他感到兴奋的全新任务。想通过定期的员工谈话得知员工的动力源泉，一个先决条件就是能够提出正确的问题，但是不要期待第一次的认真交流就能完全了解一个人。人们所表达的，以及他们在上司面前的坦诚程度归根结底是信任问题。只有定期进行这样的谈话，并且使员工确信，这会为他们的日常工作带来积极效果，员工才会变得更加开放和坦白。

除去那些根本不进行员工谈话的领导者，还有很多人把员工谈话当作年度总结谈话对待。对于那些从事缺少变化的程式化工作的员工而言，这么做也许比较恰当。但对于那些高技能员工，特别是优秀员工而言，这就远远不够了！你很可能因此错过了一个使员工得到成长的机会。实践证明，那种对员工了如指掌的观点基本上并不属实。

一些领导者感觉员工谈话是一种令人生厌的义务，因而草草应付。他们不会进行精心的准备，不会积极主导谈话，只是糊弄了事。另一些领导者则将员工谈话视为简单的亲切交谈，不时拍打对方的肩膀，以示肯定，这样的动作尽管创造了良好的气氛，但不会产生任何建设性的深入了解。在这样的情况下，员工可能认为，他本人在老板心中就是这样的地位，因为，在谈话中一切都已经显露无遗了。

作为领导者，一年之内如果没有精心准备并执行一次这样的员工谈话，那么他就应该思考一下自己是如何定义“领导”这个词的了。

现今，以教练来定义领导角色正变得越来越普及。教练会通过提出明智的问题，引导别人利用自己的力量解决困难。领导是否要承担教练的角色，完全取决于个人的主观意愿。如果没有定期与员工进行严肃认真的谈话，那就应该问问自己到底扮演了怎样的角色。处理日常工作可并不代表就是领导。

精心准备的员工谈话所带来的积极影响是多方面的：

- （通过认可和委托全新的工作任务）获得饱满的动力。
- （通过目标）使员工专注于重要的事项。
- （通过反馈）进行更准确的自我评估。

- （通过优势管理）取得更加优异的成绩。
- （通过员工的改进建议）制定优化的流程。
- （通过与上级的互动）达到更好的团队合作。

没有进行员工谈话的领导者，相当于自动放弃了以上所有这些积极的效应。要想对别人实施领导，你可以在两个层面对他们进行推动。从等级层面，你是拥有命令权的上级。你做出指示，员工负责执行。这是通过层级进行的领导。真正的领导往往与层级无关，因为它的成功来自另一个层面。在没有层级背景的情形下，也会出现某人领导他人。长期有效的领导总是产生于人性的层面，其他人必须乐于接受你的领导。你只需做一个简单的测试：问问自己，如果员工拥有其他选择，他们是否愿意继续与你共事。通过自身的言行一致与真实可信，而且，最重要的是对别人的真切关怀，你就可以使得员工乐于接受你的领导。所谓对别人的真切关怀指的是你要对他人、他人的需求，以及对他们给团队带来的一切表现出关注。至少每隔半年一次，花些时间与员工进行一次谈话，这些谈话是对于领导工作的最好诠释，还有什么比这更值得付出时间呢？

个人成长与发展

还有一个员工激励方法，我们在这里只能进行简短的叙述，那就是个人发展。很多领导认为这是仅属于人事部门的职责。人事部门通常对各部门的员工缺乏了解，或者针对每个人准确地使用适合的发展方法又太过繁杂沉重。因此，员工的成长也就延伸到了部门领导者的职责范围内。有针对性地对员工进行培养，可以使你明显地区别于其他的部门领导者，并使你在上级和员工面前显现出独特的风格。你可以利用的人员发展工具多种多样。由于字数的限制，这里就不再做深入的讨论。你可以通过下面列举的来检验，其中有多少工具是为你所熟悉的，又有多少方法真的被付诸了应用。

- 新的任务。
- 项目工作法。
- 海外派驻。
- 深造与继续教育。
- 内部知识拓展。
- 在职培训。
- 指导。
- 导师计划。
- 监护。
- 旁听学习。

只知道偶尔将员工送去参加研讨课作为人员发展的领导者亟须补充上面提到的这些知识，以便使自己的领导工作符合人员发展的要求。在今天，即使最优秀的人才，对能够受益的继续教育也会充满期待。

第 8 章 创建一致的文化

顶级的领导者驾驭顶级的下属，而二流的领导者只能管理三流的员工。

——恩斯特·马丁（德国日耳曼语言学家、罗马语言学家）

通过阅读上一章，你知道了哪些是调动员工积极性并使他们感受到工作乐趣的前提条件。本章讨论如何将自己所追求的思维模式和文化嵌入到部门之中。

这里所说的文化指的是团队内的成员应该以此为标准而行事的一整套价值观。如果你已掌管部门多年，那么，通过你的示范作用与领导风格，部门内部应该已经形成了特定的文化。假如你刚刚接手，则这个部门可能已经存在着一种文化，而这种文化正是你迫切希望改变的。我们假设，你成为某个部门的领导，在这个部门中，每个人都只考虑个人利益，完全没有集体观念，于是，你可能希望给这里带来一种重视敬意、尊重和参与的团队文化。或者如果你认为部门中大多数员工在对待客户时态度冷漠甚至缺乏尊重，那么你也许想要在这里植入客户导向的文化，以及相应的价值观。但要如何引入一整套全新的文化呢？

形成一个指导纲领

在与领导力相关的书籍中，许多作者要求领导者设立愿景，以此使员工建立起对未来的积极信念。另一些书中会提到必须清晰定义公司的使命。还有人建议要规划出一个基本纲领，并着重强调出各种重要的价值观。使命、愿景、指导方针、纲领、价值观，它们在概念和应用上存在着巨大的差异。作为中层领导者，你应该关注其中哪些内容呢？让我们先为这一系列概念理出一个清晰的头绪，然后再来辨别哪些与你有着更为密切的关系。

我在这里运用的是圣加仑模型，在这个模型中，纲领被视为其他一切概念的统称，由 3 个要素构成：

- 愿景。
- 使命。
- 核心价值观。

这 3 个要素组成的纲领不仅能服务于企业内部，也会成为企业对外的沟通工具。纲领负责指明方向，起到规范行为和激发动力的作用。下面，以豪华连锁酒店丽思–卡尔顿为例，我们就这 3 个组成要素分别做出进一步的阐释和说明。这家酒店曾两次获得国际上享有盛誉的每年由美国总统亲自颁发的马尔科姆·鲍德里奇国家质量奖。

愿景

愿景是努力要使之实现的一幅未来的画面。它应该简单明了，使人易于理解。除此外，它还应该包含能产生正面激励作用的情感元素。

以丽思–卡尔顿的愿景为例，丽思–卡尔顿的座右铭中包含着 32 000 多位员工共同的愿景，那就是："我们以绅士、淑女的态度为绅士、淑女提供服务。"

使命

使命为行为提供指导，给出了企业存在的理由及其主要任务。在描述企业存在的目的的同时，它经常也会包含一部分执行策略。

以丽思–卡尔顿的使命为例：

- 丽思–卡尔顿以客户得到真诚关怀和舒适款待为最高使命。
- 丽思–卡尔顿承诺为客户提供细致入微的个人服务和齐全完善的设施，营造温暖、舒适的环境。
- 丽思–卡尔顿之行会让你身心愉悦，不虚此行，甚至能在心照不宣的情况下满足你内心的愿望与需求。

核心价值观

核心价值观是行为的基本原则，员工应该据此行事。它包括企业所追求的行为准则和企业的重要价值观。

下面是引自丽思–卡尔顿基本原则的一些片段：

- 作为服务行业的专业团队，我们敬重每一位客户和员工的同时，维护自己的尊严。
- 永不失去任何一位顾客。立即平息顾客的怒气是每一位员工的责任。任何人在接到投诉时，都应该视其为自己的职责，直到客户的问题得到圆满解决，并予以记录。
- 授权全体员工。

- 为了创造出一种让所有员工在工作中都能感觉到骄傲和愉快的氛围，全体员工有权利参与到与其有直接关系的工作计划的制订中。
- 全体员工都对酒店的清洁负有不可推卸的责任。

纲领由愿景、使命和核心价值观组成。如果你希望在自己领导的部门中植入一种统一的文化并为员工指明方向，那么，精心起草一份基本纲领就好比迈出了第一步。有些中层领导者认为在部门级别设置愿景显得太过夸张，其实这完全取决于你的决定，但你一定要确立使命和核心价值观，并就此进行沟通，因为这些都是非常基础并且切实可行的。在起草使命与核心价值观时，务必让直属的基层领导者参与其中，甚至在可能的情况下要让所有员工参与核心价值观的讨论。

在现实中，一个部门的基本纲领看上去应该是什么样子的呢？

假设我们是一家大型集团公司的财务部门。部门领导希望借助基本纲领来改善本部门在公司中的声望。会计人员在很多公司都被看作细致、内向、沉默寡言、与数字打交道的人。这家公司也不例外。基于纲领所带来的改变不仅要让内外部的服务对象获得切实的感受，也要能够提升部门的士气和自尊。

纲领的各个要素可能像下面所写的：

- 使命——员工应该因在会计部门工作而受到其他员工的羡慕。
- 愿景——通过我们的账目管理工作，为管理层的决策提供依据。
- 核心价值观——我们在电话交流时，应该友好亲切。要告知通话者自己的姓名，并且确定地给出一个满足对方需求的具体时间。我们应该使用的表达是“我能为你做些什么？”“非常乐意”“我来帮你解决这个问题。”

当然，在现实中，仅仅将愿景和核心价值观书面记录下来，并借助邮政递送到员工的信箱是远远不够的。

想要改变部门员工的日常行为方式，领导者必须做到以下 3 件事：

1. 以身作则 2. 以身作则 3. 以身作则

作为中层领导者，你与直属基层领导者应该在日常的小事上为员工做出表率，告诉他们如何贯彻这些核心价值观。如果员工认识到了你对这些价值观的严肃态度，他们也就会逐渐接受它们。想要加快这一进程，你和基层领导者应该做到两点：一方面要对积极贯彻核心价值观的员工进行公开表扬，另一方面要与表现不佳的员工在私下进行面对面的严肃谈话。

如果由愿景、使命和核心价值观组成的基本纲领明智合理，领导者就可以不必依赖年度目标，同样也能给员工指明方向。如果领导团队能够长时间履行这些核心价值观，那么新的文化就会在部门内逐渐形成。要保持耐心，新价值观的植入不是短程冲刺，而是一次考验耐力的马拉松。想一想韦尔奇针对改变这一主题所做的描述："开始的 4 个月，大多数人都不认为需要对早上的固定模式进行改变，所有人都对流程再造缄默不语，因为他们觉得那些流程已经是完美的了。"而涉及核心价值观时，韦尔奇的这个说法就表现得更为明显。你和基层领导者将需要一个长期的过程，即使员工对这些新的价值观表示认可，可是，举例来说，也不能在一夜之间让一位脾气急躁、性情冷漠的员工转变为一位亲和而有魅力的服务人员。但是员工必须确实为此做出了努力，否则，你就需要就基本纲领的意义再次做出解释，并且，在必要的情况下，要明确说出拒绝改变会给他带来怎样的后果。

除了制定基本纲领并以身作则，还有第三个因素能够对部门的文化产生影响，并对员工产生强烈的信号作用——正确的员工选择和招聘方式。换句话说，就是选择正确的同路人。

招聘合适的员工

如果你希望将一种文化带入一个团队，有这样一种可能，就是一位已经比较熟悉并适应了这种文化的新员工的加入，可以对整个团队产生积极的影响。美国企业管理顾问吉姆·柯林斯与他的研究团队对 11 家公司进行了多年研究，这些公司的共同点是，公司股票在前 15 年表现一般的情况下，此后的 15 年却至少翻了 3 倍，研究的目的就是要找到这一现象背后的共同原因。这些公司被吉姆·柯林斯称为“腾飞公司”，它们是世界上最为成功的企业，那些大型集团公司，如可口可乐、通用电气、宝洁和沃尔玛，在公司价值增长方面都远逊于它们。此项研究得出的一个有趣的结论是，并不像人们所认为的那样，公司起步时就需要制定出成为顶尖公司的策略和远景。恰恰相反，顶级的经理人首先关注的是要找到正确的员工，然后与他们共同寻找新的方向。

选择符合团队观念的优秀员工并将其安排在适合的岗位上，是建立高效团队的关键所在。当然，如果你刚刚接管一个部门，肯定不能简单地根据自己的偏好进行大规模换血。但是，接手一段时间后，你可以参与到人员选择的决策中了。花费时间挑选优秀员工就属于你要做出的 20%的决定，因为只有优秀的员工才能创造优秀的业绩，并带来成功。花费时间挑选优秀员工，并将其安置在恰当的岗位上，这样的事情听起来容易，做起来却没那么简单。

我的一位朋友成了一家大型集团公司中新成立的一个部门的领导者。来到这里，他的第一件事情就应该是为自己挑选一位副手。他收到了众多顶级候选人的求职申请，很多人有丰富的部门管理经验，其中有些人甚至比他还要经验丰富，因为，此前他只是作为管理顾问在企业中的众多部门工作，在这个新成立部门的领域，算不上专家。有一次闲谈的时候，他告诉我：“太搞笑了。我将要选择的代理对部门事务可能比我还要了解，而且还积攒了多年的管理经验。这样一个人随时都可能把我替换掉，一点没有问题。甚至可能比我做得更好，可现在却要屈尊在我手下。我明白自己需要优秀的人才，但内心总有个声音告诉我，找个不会对你产生威胁的家伙吧。我清楚地感到自己承受着一种不安，而且我相信，其他人也会面临相同的问题。”

最终，他还是决定聘请一位经验丰富的候选人，而这位候选人在此后的工作中确实做出了卓越的贡献。不是所有的上级都有勇气将优秀的经理人引入自己部门的。回想一下本章开头的引文。

优秀领导者具备的一个特质就是允许比自己更为出色的员工围绕在身边。而且，拥有鲜明个性和超群能力的员工有一个优点，而那些平庸的领导者会视之为缺点，那就是，能够在上司面前表达自己的独立观点。成就卓越的通用电气 CEO 杰克·韦尔奇也曾写道，他确信优秀领导者的身边应该是更为出色并且头脑灵活的员工。他描写了自己如何在困难时刻召集那些最为优秀和投入的员工，并从他们那里寻求建议。这样的会议往往充斥着争论，他说：“尽管如此，它也能帮助我做出最佳决策，意见分歧不仅局限于重要问题本身，也会强迫我们从根本上去检验自己的假设。所有的参与者都会得到全新的观念——这些也正是应对未来挑战的最坚实基础。”

在选取最佳决策时，听取多方面的意见必不可少。如果领导者自身能力平庸，则很快就会将不同意见视为一种攻击。其结果会是点头文化和单一思维模式的形成。于是，错失市场和客户的可能性也就越来越大。因为具有同质化思维的团队已经无法领会市场和环境的复杂性。

优秀的人才拥有自己的独立见解并乐于将其表达出来。领导者必须也应该能够忍受他人对自己观点的刨根问底，甚至进行体无完肤的驳斥。但是，只有极少数领导者具备这样的优点。在本书的第 1 篇，我们谈到了自身的不足。那些不能正视自己缺点的人，会打肿脸充胖子，表现出“一切尽在掌握”的姿态，因此，他也就失去了真实。在具备卓越才能的基层领导者面前，这样的伪装难以长期为继。平庸的上级会发自内心地感受到优秀基层领导者对自己产生的威胁。基于这样的原因，他们乐于使用更为平庸的、一味迎合上级的下属。那些下属又会把类似的选择复制下去，这样的团队无法取得优异的成绩，而且根本不会产生新的文化，一方面由于领导者自身不够优秀，无法践行自己的价值观，另一方面由于他对拒绝接受新价值观的员工束手无策。要记住，身为部门领导者，下属的能力决定了你能取得的成绩。

练习

思考一下，过去的几年中，哪些人获得了你的任命。这些人是否具备卓越的才能，他们的业绩如何？任命哪些人会在很大程度上诠释出你的领导方式。只有那些最优秀的领导者才愿意受聘用出色的人，而只有这些人才具有在困境中向领导者表达自己观点的勇气。

在事业的阶梯上，你所处的位置越高，能够听到的坦率批评就会越少。因此，应该坚持让员工坦率地表达自己的意见，并针对各种主题共同进行讨论。

你作为中层领导者，一定要挑选那些出众的基层领导者，并将他们安排在合适的岗位上，这一点是毋庸置疑的。那么，什么样的面试应该由你亲自主导呢？你只负责挑选基层领导者，还是要付出更多的心血，对所有未来会供职于你的部门的员工亲自进行考查？我们来看看，韦尔奇是怎么做的。

韦尔奇把“安排最好的员工在最合适的岗位”视为自己的一项重要工作。通用电气总共有30多万名员工。为公司高层选择合适的人对韦尔奇来说至关重要，因为他明白优秀领导团队的重要性及其所具有的示范作用。为此，他与公司里的全部500位高管进行过一次或多次谈话。500位高管的每一次晋升都需要经过他的审核。如果公司以外的经理人应聘其中某个岗位，韦尔奇则会与候选人进行细致的谈话。这样的会面耗费了大量的时间，但韦尔奇知道，这一切都是值得的。

尽管中层领导者并不需要进行很多的人事选择，但也不能将挑选优秀员工的责任全权委托给基层领导者或人事部门。每一次人员招聘都是一个通过选择优秀员工使部门效率得以提升的机会。人员招聘是领导者分内的工作！在为某个岗位挑选员工时，你要考虑新员工应该具备哪些优势，并在面试中着重就这些优势对其进行测试。要把你所看重的优势与这个岗位所需要的能力进行综合考虑。另外，如果在某个时期你希望转变部门文化，需要注意的是只选择那些认可这些价值观并能够起到表率作用的候选人。

在聘用某人之前，你应该亲自对他进行面试，以便形成独立的印象。为了能进行更有效的面试谈话，你要掌握专业的面试技巧。这些技巧你可以在几小时内通过阅读专业书籍来获取。除此外，你还应该学习一些观察学的知识，从而能够在面试中避免一些典型的认知错误和判断错误。你公司人力资源部门的任何一位经常参加面试的员工都可以为你传授一些知识和经验。

做出正确的人事选择，同时提升团队协作力的一个方法就是让应聘者以后将会面对的同事们参与到决策中来。也就是说，一位新员工在最终被聘用之前，先把他介绍给同一级别的同事。这些同事就好比获得了参与决策并表达异议的权利。与仅仅由上级做出人事选择不同，如果亲自参与了对新同事的选择，他们会更乐于帮助新人尽快适应环境。与我分享这个主意的领导者在他的部门中就是这么做的，而且他告诉我，以前从未带领过如此和谐的团队。当前团队运转越好，表现越佳，你就越应该让其他人参与决策。相反，如果作为新任领导者，想要为一个效率不佳的团队聘用一位认可你的新价值观并能够以身作则的优秀员工，这种决策参与权也就没有什么意义了。

与同事在友好的团队氛围中见面，实际上是发生在真正的筛选过程之后，相当于对选择程序的一个收尾，其更大的意义在于互相结识而非真的做出选择。但由于有了团队的决策参与，又会使之显得高于一般的友好交谈。实际上，那些最终能够与团队成员见面的候选者，很少会被未来的同事否决。但如果真的发生这种情况，你应该与团队讨论其原因，并做出最终决定。

现在，你已经了解，通过基本纲领的确立和践行，可以在团队中形成特定的文化氛围。通过选择能够起到表率作用的优秀员工，则可以对这种文化起到强化作用。那么，你应该如何处理那些一直拒绝接受新文化的员工呢?

与不能同心的员工分道扬镳

与聘用具有相同价值观的员工同样重要的是，和那些不相为谋的员工分道扬镳。哪些员工属于这类人呢？就这个问题，世界上最有影响力的管理者之一韦尔奇给出了非常实用的范例。他将手下的领导者依照两个准则分为 4 类。第一类人，成绩优异，能够达到或者超额完成目标，认同企业价值观，如正直、贴近客户，并且会起到表率作用。这样的领导者可以被视为企业的标志。他们应该获得有针对性的发展和提升。第二类人，业绩表现差，而且一再违背公司价值观。很明显，这样的领导者属于错误的选择，应该尽快与他们解除合同。

这两类人的应对方式都是非常明确的。麻烦的是剩下的两类人。按照韦尔奇的分类，第三类人只能够完成一部分目标，另外，他们能在自己的部门中营造良好的氛围，并且认同公司的价值观。这样的领导者会再次获得一个机会，例如，把他们调到符合自己特长的部门。只有在那里也无法取得成绩的情况下，才会让他们离开通用电气。

对于那些没能完成业绩目标的员工，要仔细分析他到底缺少什么。下面这些标准可以帮助你认清，员工能力都包括哪些内容。

- 专业技能：是否具备完成其工作的知识与经验？
- 人际技巧：人际关系处理能力如何？是团队型还是独行侠？
- 专注：是否为自己设定目标并将其实现？是否能正确地设定优先顺序，还是为琐事操劳不已？
- 动力十足：是否精力充沛？是否行动力十足、乐观、充满活力？
- 判断力：是否拥有决断力，或者优柔寡断？是否拥有良好的判断力？他的决定能否经受考验？

哈佛大学和欧洲工商管理学院前教授迈克尔·沃特金斯建议，接手新团队后，要按照上面的标准将员工分级（如从 1 分到 10 分），并且，最晚不超过半年的时间内通知人事部门甚至自己的领导，你准备什么时候将什么人请出团队。如果等待的时间超过了半年，那么它就已经变成“你的”团队了，会越来越难以进行人事调整。沃特金斯建议将员工按照以下类别进行划分。

- 留用：员工在其岗位表现优秀。
- 留用并调教：有时间的情况下，需要对其继续进行培养。
- 调动岗位：员工业绩表现优秀，但是没有做到人尽其才。
- 观察：要对其继续进行观察，而且他需要一份个人发展规划。
- 找人替代（非紧急）：要找人替代他，但是并不紧急。
- 找人替代（紧急）：尽快替换。

在“找人替代（紧急）”这个类别中，就包含杰克·韦尔奇的标准下所划分出的第四类人，也就是最令公司头痛的那类人，所指的就是那些尽管业绩优秀，但不认同公司价值观且故意背道而驰的领导者。鉴于其领导方式，他们的部门往往士气低落、氛围欠佳，而通常他们又能因为所取得的优异业绩而得以保留职位，但是，业绩不应成为评判的唯一标准。有一位经理曾以书面形式向韦尔奇提问，他应该怎么处理查尔斯这位取得优异成绩，但任人唯亲、行为傲慢的手下。一如既往的，韦尔奇给出了明确的答案：

“如果他拒绝做出改变，就把他叫到跟前，宣布解雇他。原因？你应该曾经在公开场合宣扬过自己的价值观，如公正、透明和信息共享，那么，你现在其实就完全没有其他选择了。让查尔斯继续留下，就意味着你所说的完全成了空话。成功的秘诀在于：如果员工的行为与普遍的准则背道而驰，不要让他悄悄地离开，也不要以查尔斯想多陪陪家人等个人原因而辞职来进行遮掩。你应该公开地宣布，由于与公司价值观不符，你做出了开除查尔斯的决定。这样的话，你就可以放心，他的继任者一定会表现出截然不同的行为方式，更别提那些曾经对你推行的价值观持有怀疑态度的人了。”

韦尔奇的建议非常明确，但为什么很多领导者没有这么做呢？原因有以下几点：

- 顾虑招聘新人所带来的各种消耗。
- 不能确定继任者能否取得相同的优异成绩。
- 领导者毕竟不在这位经理手下干活，在层级上高于这位经理，因而所感受到的痛苦远低于这个经理的直属员工。

即使招聘新人所带来的消耗颇为令人关注，你也应该替换掉那些态度消极、破坏部门气氛的员工，领导者的坏习惯迟早会传染给他人。你要承受解雇不胜任领导者这一决定所产生的结果，就如同第二次世界大战期间美国最高司令长官，马歇尔计划的提出者乔治·马歇尔将军所做的那样。1953 年，鉴于其表现，他成为获得诺贝尔和平奖的第一位军官。在第二次世界大战中，马歇尔亲自挑选了美国所有的将军，并组建了军事历史上最为优秀的军官团之一。某位将军表现不佳，马歇尔就会将他开除军官团。如果有人提出，目前没有合适的替代者，马歇尔就会让这个位子保持空缺。他总是回答："我们现在面临的问题是，这个人无法胜任他的工作。从哪找到替代者，那是下一个问题。"但由于当初是他亲自进行了挑选，所以，他认为实际上更多的是他的原因才造成了这样的错误，而不是那位将军。因此，他也会把找出这个人的优势，并为他做出最恰当的安排视为自己分内的事。

对于那些一再拒绝接受公司价值观的基层领导者和员工，你并不需要为他们寻找合适的岗位，而只需要找到他们的替代者。有些时候，团队短时间内缺乏领导者，其运转也要好于那些受控于一位糟糕领导者的团队。

总　结

如何总览全局

作为领导者，员工、老板和客户会占用你大约 75%的时间，这一点是无法改变的。重要的在于你如何利用剩下的 25%的时间。不要以到处灭火和解决问题的方式消耗时间，要定期思索下面 3 个问题，并由此确定出目标：

1. 工作方式的优势和劣势。
2. 员工的优势和不足。
3. 部门的优势和劣势。

如果你对这 3 点持续地进行分析并做出改进，那么你就可以减轻自己的负担，并赢得时间投入到更为重要的事情上。通过以优势为导向来领导员工，你就可以在部门内形成更高效的工作流程并取得更加优异的业绩表现。

如何设置优先排序

- 关注少数重点，集中精力于重要的目标。你所给出的目标描述的应该是一种状态，而非一个过程，并且能够遵循 SMART（具体明确、可衡量性、可实现性、现实相关性、时限性）原则。

- 80/20 法则是领导者取得成功的关键，因为他们要尽可能高效地利用属于员工、老板和客户之外的25%的时间。在这里两个最重要的问题是："哪项工作具备最高的杠杆作用？""所有紧急的工作中，哪些是我可以先放一放的？"

如何激励员工

- 作为领导者，你可以有无数方法来推动和激励员工。其中，最为有效的 4 个激励因素分别是工作内容、责任、认可和成就。对前 3 个因素，你都可以产生重要的影响。
- 在可能的情况下，要信任员工，并且要时常要求员工离开自己的舒适区，去挑战自己的极限。
- 通过进行有准备的员工谈话，这可以对员工的积极性产生正面影响，并改善团队合作。

如何创建一致的文化

- 用纲领为员工以不依赖于年度目标的方式指明基本的方向。与基层领导者一起，甚至在可能的情况下也包括所有员工，共同提出一个由愿景、使命和核心价值观组成的纲领。和基层领导者共同做好表率，并长期坚持。
- 如果你想植入一种新的文化，那么，聘请优秀的员工并安排在合适的岗位上是非常重要的。人员招聘是领导者分内的工作！每一次人员聘用都是一个通过选择优秀员工使部门效率得以提升的机会。如果团队高效且运转良好，那就应该让应聘者将来的同事一起参与到人事决策中来。
- 与聘用契合的员工同样重要的是，和那些不相为谋的员工分道扬镳。做这样的事情，不能安静而秘密地进行，而应该清晰明确地公开表示，某人因不认可公司的价值观而被辞退了。

第3篇

管理与同事的关系

Führen Sie ihre Kollegen im mittleren Management

本篇讨论如何处理好与同为中层的同事的关系。一方面，你需要与同级同事通力合作，共同推动公司前进，同时，你又需要在晋升的道路上与他们展开竞争。即使公司各部门为了一个相同的目标而努力，各方利益仍然会存在冲突。例如，销售部门希望产品型号尽量丰富，以便满足所有用户的特殊需求。生产部门的愿望恰恰相反，因为，脱离标准化的生产会造成成本的显著增加并影响生产速度。类似的冲突还有很多。有些领导者会在这样的情况下选择合作的方式解决问题，另一些领导者则会不择手段地满足自己的利益。

中层领导者在碰到这些情况时，往往会想：

- “我该如何与其他部门的同事在存在利益冲突的前提下建立良好的关系并与之长期合作？”
- “其他同事公开对我进行有欠公允的指责，我该怎么办？”
- “如何能有的放矢地争取别人的支持？”
- “如何在公司内外构建自己的关系网？”

下面，我们就来回答以上及其他一些相关的问题。第 9 章介绍如何与其他部门的领导者建立合作关系，以便减少跨部门产生的损耗和部门间的利益冲突，从而可以更有效地开展工作。你将会学习到怀有正确态度的重要性，以及怎样在同事中构建你的良好声誉。

第9章 如何与同事有效合作

团结起来，无所不能。

——弗里德里希·冯·席勒

与其他中层领导的合作对公司的成功具有重要的意义。只有在你们彼此交流、相互支持的情况下，公司才会充满效率与竞争力。那些部门领导者间存在着对立而非合作关系的公司，在长期的激烈竞争中会遇到各种各样的巨大挑战。与对手的竞争才是真正的竞争，内部竞争只能算自相残杀。当然，在工作中你也一定会遇到那种有点令你讨厌，或者非常令你讨厌，甚至看见就烦的同事，不要让个人的好恶对合作关系造成影响。缺乏好感却仍然能够通力合作，表现出的是一种职业态度。如果每个人都能做到这一点，那么从长期来说，大家都会从中受益。

本章介绍了两种方法，它们来自美国顶级管理咨询师史蒂芬·柯维，他对“人们应该如何进行合作”这一主题拥有深刻的理解。

与同事合作的 4 种态度

史蒂芬·柯维在他值得一读的著作《高效能人士的七个习惯》中描述了人们在互动时所能具有的各种不同的态度（他称之为范例）。我在这里展示的是从中提取出的简化版模型，用来演示你与同事的合作关系。模型中包含 4 种与同事相处的基本态度。

- 损人利己。
- 损己利人。
- 两败俱伤。
- 利人利己。

在合作中，你所秉持的态度取决于两个方面，一是你在同事面前捍卫自己权益的决心，二是你设身处地为他人着想的意愿。我们用图 9.1 来说明。

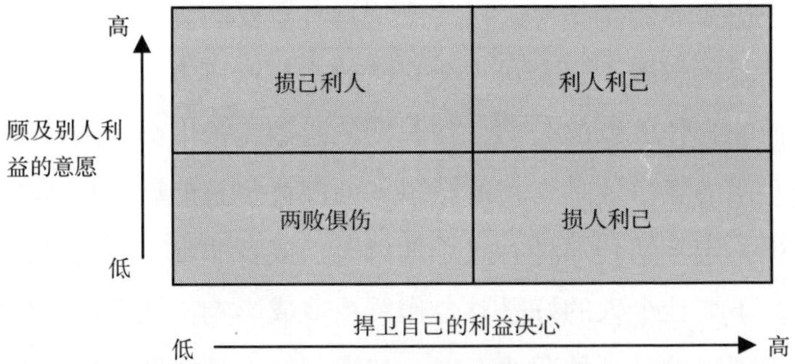

图 9.1　合作的 4 种态度

其中，格外重要的是损人利己和利人利己两种态度。下面让我们对这两种态度进行进一步的探讨，然后再来比较从长期来讲哪种更为有利。

损人利己

只考虑自己利益，从不为他人着想，代表的就是一种损人利己的态度。很多部门领导者就是这样。他们想成为胜利者，想在同事面前显得更加高大光鲜。这种想法背后隐藏的一种假设是，任何情形下，人生只有胜负之分。

如果某人获得更多，一定会有人遭受损失。例如，在体育竞技中只有一个胜利者。在整体利益已经确定的情况下，这种想法是有道理的。在生活中使用这样的态度却不合适，因为这种态度是建立在缺失意识基础之上的。缺失意识的意思是：物质尚未丰富到可以满足所有人的愿望，因此，要尽可能多地为自己争取，否则别人就会拿走。你得到的越多，你就越是胜利者。缺失意识是一种很狭隘的认知。如果所有部门同心协力为公司赢得良好业绩，抢占市场份额，那么所有部门都能从中获益并得到发展。没有人会成为失败者。那些视同事为竞争者，通过损害他人而为自己谋利的人，其思维会受这种损人利己态度的局限。另外，这种缺失意识会使得他在面对别人的成功时备感失落，因为他觉得自己的利益受到了侵占。所以，这样的态度既不能造就良好的关系，也无法制造出协同效应。

那些持有损人利己态度的领导者，很容易在内部引发与同事的冲突，因为他们渴望成为胜利者。如果同事并不强势，也许这些领导者确实能够得到想要的结果。如果对方也表现强硬，同样秉持损人利己的态度，最终，将会发生纷争，双方利益都会因此受损，结果会是两败俱伤。此时，双方都只能将少输当赢，但这并不是真正的胜利，而只是对蒙受损失的一种变相的解释。争斗一定会带来两败俱伤的后果，无论是同事之间、组织之间，还是国家之间。

利人利己

具有利人利己态度的领导者既坚守自己的利益，又能顾及他人的利益。

这样的人会专注于寻找一个可以令大家共同获益的解决方案。这里所指的并不是妥协，因为妥协只能算利人利己态度下取得的最差结果。而在利人利己的前提下，通过不断思考，经常会产生出妥协或单方获益之外的第三种答案。因此，你需要给自己提出的问题是：

“要想使双方获益，我应该怎么做？”

很多领导者提出的问题是：“我如何能实现自己的利益？”短期来讲，尽管损人利己可以使得自己的利益得到最大化，但利人利己的态度才是维系长期关系的更优选择，能够长远获得的整体利益显然更为丰厚。这一点也适用于客户关系。如果你用损人利己的态度对待客户，就会造成客户的流失，因为，与你的合作无法为他带来获益的前景。相反，如果使用损己利人的态度，则会由于你无法获得足够的利益而在市场上失去生存能力。而自由市场也根本不允许两败俱伤的态度存在。只有利人利己才能创造长期的客户关系。与同事相处一样如此。

如果两位领导者同样具有利人利己的意识，会发生什么呢？答案是显而易见的，他们会不停寻找，直到发现一个使双方受益的方法。如果只有一方秉持利人利己的态度，另一方却持损人利己的态度，结果很可能是一个双赢的局面。原因是，寻求利人利己结果的那位领导者不会去剥夺对方的利益，只有这样才能算符合他的合作态度。

你可以看到，哪怕只有一方具有利人利己的思想，也会带来双赢的结果。而不像双方都具有损人利己思想那样，往往会造成两败俱伤的结果。简言之，从长期来讲，合作性行为是有利可图的。而且，能够从利人利己中获益的不单是部门领导者，也包括整个公司。

练习

下一次与同事进行艰难的对话时，要问问自己："要想使双方获益，我应该怎么做？"并且采用与之相应的缓和态度来进行对话。

先设身处地，再寻求理解

提到如何为同事的利益着想，就要提到史蒂芬·柯维的另一个原则，即：

先设身处地，再寻求理解。

很多人都不能算是优秀的倾听者。一方面从他们的谈话来说，这类人更乐于表达而不愿倾听；另一方面则源于他们倾听的方式，很多人根本没有用心，人们可以称之为"跳板倾听思维"：谈话的参与者只关注某个关键词，并以此为跳板，自行重塑对某些事情的解释，对谈话中关键词以外的内容一概无视。出现这样的情况，说明对谈话对象缺乏真正的兴趣。我就经常会碰到类似情况，在某个活动中，我可以通过与邻座的谈话知道很多关于对方的事情，他却对我一无所知，因为他根本未曾主动地向我提出任何问题。总是喜欢侃侃而谈的那些人只关注自己。如果他的谈话对象碰巧是一位优秀的倾听者，那么这个人就会一直滔滔不绝地讲下去，他根本不会意识到，一直都是他在唱独角戏，别人都已成为陪衬。马克·吐温曾经这样描述："和有些人进行所谓的谈话，就等于让你去做听众。"

如果两位中层领导者碰面想要讨论利益分歧，双方都想成为主导谈话的人，那么想要取得一致将会非常困难。他们不会去倾听别人的诉求，经常打断别人的陈述，最终也无法找到共同的利益。这样就无法取得共识。

相反，如果其中的一位使用了“先设身处地，再寻求理解”的方法，双方取得良好解决方案的可能性就会大增。真正地去理解他人意味着设身处地地站在他人的角度进行思考，它是努力探究别人想法的一种尝试。人们如果能够认识到，自己与对方所处的角度不同，那么，成熟的人首先就会设身处地地站在对方的立场去理解他们的行为，然后才去表达自己的利益诉求。有些领导者由于担心会弱化自己的利益而不愿意采用这一方法，事实恰恰相反。如果你的对手感觉到你的用心倾听和为他着想，通常也会变得更为温和，并且乐于倾听你的诉求。

我们用下面的两段对话来展示“先设身处地，再寻求理解”能产生什么作用。

生产部门主管施密特先生来到了销售经理穆勒先生的办公室，显得怒气冲冲。施密特先生既没有问候，也没有给穆勒先生问候他的机会，单刀直入直奔主题。

施密特：“听着，穆勒先生，这样可不行。你的下属总是向顾客允诺各种特殊需求，你知道每次都要重新调试设备对我们来说意味着什么吗？”

穆勒：“慢着，慢着。你是不需要去卖产品的，是我的下属而不是你的下属每天要去应付那些客户。不满足客户的特殊需求，你觉得我们在市场上还会有多少机会？对手可没有睡大觉。难道你觉得，我们能够通过单一的标准化产品赢得客户吗？”

施密特：“你的下属不但允诺了客户的所有需求，而且经常还会商定一个非常紧迫的送货期限。谁来负责擦屁股呢？我们！我们不停地加班，就是因为你的下属向客户承诺了不切实际的交付时间。每次客户问什么时候交货，你们总是说马上！”

穆勒：“你跟我开玩笑！你想怎么样呢？提前一个月做计划？客户给我们

打电话的时候，往往就是紧急需求。我真想亲眼看着你对客户说“我们 5 个星期后送货”，那你马上就可以卷铺盖回家了。”

施密特：“难道你们总是有理？总是这样，你们销售就好像……”

这段对话会怎样发展，我将它留给你来展开想象。但是，双方取得令大家都满意结果的可能性已经很小了。我们来比较一下，如果穆勒先生使用“先设身处地，再寻求理解”的原则，会发生什么。

施密特：“听着，穆勒先生，这样可不行。你的下属总是向顾客允诺各种特殊需求。你知道每次都要重新调试设备对我们来说意味着什么吗？”

穆勒：“你好，施密特先生。你怎么那么生气啊，发生什么了？”

施密特：“问我发生什么事情！你的下属总是在不和我们沟通的情况下就答应客户的特殊要求。到最后全得是我们想办法。”

穆勒：“对机器进行调试，到底有什么问题呢？”

施密特：“问题在于，为了应对特殊要求，我们需要停产一小时，以便对机器进行改装。这倒也罢了。你的下属总是承诺短时间内交付，我们没法将特殊需求整合后再进行生产，在特殊情况下为了满足时间要求，必须一天内对机器进行 3 次改装。这样的话，我们就有 3 小时不能生产。我们就只能加班，毕竟任务量在那摆着呢。”

穆勒：“加班太多可能让工会觉得非常不满吧。”

施密特：“没错。”

穆勒：“我怎么能帮到你呢？”

施密特：“主要的问题在于交付时间。如果订单规定的交付时间不是那么短，我们就可以将各种特殊需求整合之后统一生产，这样就能减少机器的改装次数。”

穆勒：“现在我们的订货交付时间是多久？”

施密特："有的只有3天时间。"

穆勒："这确实太短了，我完全理解你的要求。"

施密特："这就好。"

施密特明显比刚才平静多了，声调也恢复了正常。穆勒认真地倾听并理解了施密特的难处。现在，轮到他表达自己的观点了。

穆勒："有这么一个问题。竞争对手在几个月前扩大了产品种类，同时缩短了交付时间。想要保持竞争力，那么我们在销售时，特别是面对大客户的订单时，在特殊需求和交付时间上没有什么余地，因为客户给我们的时间也非常有限。但我能和我的下属谈谈，对于那些小额订单，不要设定过短的交付时间，这样你就不需要因为少量订货而对所有的机器进行调整了，我们的客户对此也应该能够理解和接受。这样就不必有那么多的加班了。你觉得怎么样？"

施密特："我相信这会很有帮助的。"

穆勒："你能不能给我列一个清单，标示出每个月特殊产品的生产频率和种类。这样我可以让下属更好地估算合理的时间。我得承认，我自己对这事也不太了解。"

施密特："你说得对。你的下属确实不太清楚成本的问题。下次销售会议的时候让所有外勤人员到我们那里参观一下如何？这样我们可以进行一次现场的讲解，并且演示一下新产品的生产过程。以后在销售的时候，这些内容也许对他们有所帮助。"

穆勒："好主意。我觉得这种日常的互动，大家都会从中受益的。"

从上面的两个片段，你可以看到，并不需要双方都遵循"先设身处地，再寻求理解"。只要其中一方持有这样的态度，就足以平复另一方的情绪，并且令他为倾听别人的诉求做好准备。

练习

观察一下周围中层领导者的同事，谁坚持“先设身处地，再寻求理解”的原则。你也尝试一下在表达自己的利益前先真正地理解对方的利益诉求。

第10章 如何应对难缠的同事

困难中存在着希望。

——阿尔伯特·爱因斯坦

人人都希望与同事保持良好关系，遗憾的是，并非所有人都期待一种公平、合作的环境。有些人就是喜欢关注对立思想、竞争思想。如果他们在会议上当着其他同事的面对你进行攻击，以此来展示这样的态度，就更让人烦恼。本章讲述如何应对这种公开的挑衅和无端的指责。

同事表现出的缺乏公正的行为可能有多种理由。其中一种就是（也许）他确实对你缺乏好感，并有意或无意地在公开场合表现了出来。另一种可能是，你的对手为了反对你的观点，而延伸到了人身攻击。如果无法恰当地应对这种人身攻击，他们也会借此将你的失态转移到针对你的观点上来，就像人们时常会说的："他自己也没什么把握。"因此，首先就要在外表上表现出平静。

人们一旦缺乏安全感，首先就会通过肢体语言表现出来，如双肩微耸、呼吸短促、目光游移且局促不安等。在场的每个人都能看到并读懂这种肢体语言。因此，你要努力保持平静，用坚定的目光（但不是表现出要决斗的目光）凝视向你发起攻击的人。身体保持挺直，均匀呼吸。同事无法读到你的内心状态，却会明白你所表现出的表情和动作。即使内心翻江倒海，表面上也要显得平静安宁，语调轻柔坚定。记住，周围的人对你情绪的关注多于对你所说的话的关注。3 个月过后，没有人会记得当时发生的事情是关于什么的，但每个人都会记得你当时的表情和姿态。内心激动没有问题，但一定要避免情绪外露。

从原则上来说，不建议采用针锋相对的方式，因为这往往会导致非人们所愿的、更为激烈的争论，并且对双方的形象造成无法弥补的损失。下面这段话展示的就是一个具有破坏性的冲突升级。

甲："你刚从月球回来的吧。"

乙："月球至少还在地球旁边呢，你看上去就像来自其他星系。"

甲："大家都知道，你无法管理好自己的部门！"

乙："你说自己呢吧！"

甲："放肆！你就是……"

如果这种争论发生在公共场合，冲突一定会不断升级。你应该尝试用平静而职业的态度来进行应对。这样做，会比以牙还牙或胆怯认输赢得更多的尊重。而在私下的场合，这样的态度无疑也会使冲突得到缓解。

抵御人身攻击

人身攻击指的是对人不对事进行的攻击，下面是一些例子：

- "你还谈什么客户导向啊，我觉得这就不是你该管的事！"
- "别人觉得你一个客户都没找到呢。"

- “你的观点表明你根本不知道怎么进行策略性思考。”
- “这挺适合你，就会做白日梦。”
- “天哪，连你都意识到这个问题了。”

会议上，在毫无准备的情况下，从同事口中听到这样的说法，我们的身体会有何反应？大脑会感受到强烈的压力并引发生理反应。大量压力荷尔蒙被释放出来，促使血液注入肌肉当中，以便启动进化过程中的“攻击或逃跑”程序。瞳孔扩张，同时，为了积攒更多能量，消化进程会暂时停止。遗憾的是，我们某些大脑通路同时也被阻断，进行多层次思考的能力临时关闭。这种与进化相关的阻断功能带来的结果是，我们可以尽快地判断，是要展开攻击还是马上逃跑。可问题是，我们身处会议当中，两种方法显然都不合适。而由于思考能力受到限制，我们无法找到更好的办法来应对攻击，而这又会造成更多压力荷尔蒙的释放，然后就会发生完全的思想短路。想要避免这样的情况，你应该学习下面的 5 种自卫策略，至少要学习其中的几种，以便能够在冲突局面下，快速而有效地做出反应，并降低陷入压力的可能性。

轻轻掠过

如果有人以有欠公正的方式对你进行攻击，你可以向所有人清楚地说明刚刚所发生的事情。每个人都了解了事情的真相，这种攻击也就失去了作用。

攻击：“你还谈什么客户导向啊，我觉得这就不是你该管的事！”

防御：“你刚刚所做的已经属于人身攻击了，我们还是回到这个事情上来吧，你到底对此有什么意见？”

这一技巧可以用于应对各种人身攻击，会使你显得公正而职业。

转移话题

这个技巧适合那些已经掌握了第一个方法的人，它同样具有普遍适用性。

运用这一技巧，就要表现得像政客们那样，他们从来不会正面回答别人的提问，而是通过转移话题过渡到他想要谈论的内容。你应该记住下面这些用来转移话题的方式：

“真有意思，你居然会这么认为。”

“我想，你忽略了某些事情。”

“我不太明白你所讲的。”

“我觉得这太泛泛了。”

“这与事实不符。”

“你应该关注点别的事情。”

攻击：“你根本不知道市场需求是什么。”

防御：“真有意思，你居然会这么认为（转移话题）。我领导的部门恰恰就善于……”

攻击：“你根本不知道市场需求是什么。”

防御：“我不太明白你所讲的（转移话题）。我领导的部门恰恰就善于……”

可以看到，转移话题的这些语句都是可以互换使用的。记下 3 个可以通用的语句。因为如果你一直使用同一句话，人们总会在某一时刻意识到你是在转移话题。

举重若轻

如果你能够接受短暂的沉默，那么这个技巧对你而言就是合适的。在面对人身攻击时，你只需要回应像“什么” “真的啊”或 “哦”这样的语句。如果伴以自负的浅笑，效果会更好。只需要稍微停顿一下，然后你就可以直接继续刚才的话题了。

攻击：“这挺适合你，就会做白日梦。”

防御：“什么？”

攻击："你还没疯吧？你对此不会是认真的吧？"

防御："什么？"

举重若轻的方法同样适用于应对各种人身攻击。

加以转化

接受对你发起的攻击性的陈述，但将其转变为积极的意义。

攻击："你做梦！"

防御："如果你是用做梦来描述一个不拘一格进行思考的人，那么我对你的赞美深表感谢。"

攻击："典型的死脑筋，数字控！"

防御："如果你说的数字控是指那些重视以事实为依据来进行公司决策的人的话，那么我确实是这样的人。"

攻击："你真是小题大做。"

防御："如果你是说我能从公司的细微成就中寻找到重大意义，那么我表示同意。"

当然，只有在别人的攻击中存在着某个概念可以将其加以转化的情况下，这个方法才适用。

要求道歉

如果某人的攻击已经越过了底线，你应该要求他进行道歉。通过这样的方法，你就相当于设定了明确的界限，告诉别人，你对此不能接受。要体现出你作为领导者的全部权威和尊严。

攻击："我听说，你不仅无法管理好自己的部门，私生活也是一团糟。"

防御："你过界了！迈尔先生，我希望你能马上道歉！"

尽管那个人很可能不会道歉，但在场的每个人都会明白，不要幻想在对你进行这样的贬损后能够全身而退。如果对方没有道歉，你应该马上离开现场，因为，继续讨论已经是不可能的了。

应对武断的话语

每个人都知道那些颇受欢迎的武断的话语吧？使用这些话不是用来对你个人进行攻击的，而是将你的所有观点一概贬为不值一提。这种武断的话语并不包含真正的观点，却展现出强大的说服力，并能够使谈话对象发生动摇，从而不再提及其他的观点。这些话会让听众觉得说话者高人一筹。其中典型的武断话语包括：

- “我们已经试过了，这根本不行。”
- “我们一直是这么做的，因为这被证明是可行的。”
- “对这个来说，时机、市场、客户还不够成熟。”
- “客户不希望这样。”
- “对此我们没有时间。”
- “我们无法承担这样的成本。”
- “对我们来说，这行不通。”
- “这就是不适合我们公司。”
- “要是能这么简单，早就全搞定了。”

这样的话语是为了使他人产生动摇，并阻止话题继续进行。在面对这样的局面时，要做的是保持坚定，并通过追问对方的真实观点来引导谈话继续进行。如果对方没有准备什么真材实料，他一定会表现得非常局促。为了放大这种局促，你一定要保持犀利！通常来讲，一个问题是远远不够的。

甲：“我们已经试过了，这根本不行。”

乙："这样啊。我想知道你具体做了什么？"

甲："就是你刚才建议的东西啊。"

乙："具体是怎样的情况呢？"

甲："就跟现在说的差不多啊。"

乙："怎么理解你说的'差不多'呢？请说得具体点吧！"

如果此人一直采取回避态度，你就可以停止询问并清楚地表明你对这种搪塞的看法。

乙："我觉得你没有什么实际的反对意见。请让我继续吧，我们刚才讲到……"

技巧在于要不断提出那种让对方把观点具体化的问题。

武断的观点："对我们来说，这行不通。"

具体化的问题："你觉得问题到底在哪里？"

武断的观点："客户不希望这样。"

具体化的问题："客户到底希望什么呢？你又是如何得知的呢？"

武断的观点："我们一直是这么做的，因为这被证明是可行的。"

具体化的问题："新方法也会证明其可行性的。你对这个新的概念到底有什么具体的意见？"

要学习在谈话中探察这种武断的观点。如果人们没有认清这些武断的观点，就无法对其做出反应。在有人试图用武断话语来使你的同事产生动摇的时候，你也可以通过提出具体化的问题帮他解围。

避免被他人打断或制止他人窃窃私语

会议上，你可能碰到某位同事总是插话或不停打断你的情况。这里就需要你具备良好的判断，什么情况可以接受，什么情况应进行干预。

如果一位同事在讨论过程中不断打断你讲话，你应该加以制止。语气和声调没有固定的限制。陈述下面的话时，你既可以使用友好的语调，也可以使用严厉的语气。

- “迈尔先生，请让我说完。”
- “迈尔先生，你总是打断我。请允许我继续说完。一会儿我也会听你陈述的。”

比较有技巧的是下面这个说法，它能够起到巨大的作用。

“迈尔先生，我认为你极具智慧。聪明人在发表反对意见之前一定会弄明白别人的完整观点的。”

另一种应对的方法是好像政客在脱口秀中经常做的那样：不要让别人将你打断，要像复读机一样不断重复最后的几句话，一直持续到对方最终安静下来。德国前总理赫尔穆特·科尔在其职业生涯的末期完美地掌握了这一技巧，只要他不想，就没有哪位富有经验的采访者能够打断他的陈述，并插话提出问题。

在会议中经常会碰到的另一个问题是，在做较长时间的演讲时，同事们会在下面窃窃私语。一旦发现这样的情况，你就应该用友好的口气，询问私语者，如：“穆勒先生，你有什么问题吗？”一般来说，穆勒先生会回答“没有”，并停止讲话。如果不久之后他再次开始私语，你可以先等待几秒钟，然后再次友好地询问：“穆勒先生，现在你有什么问题吗？”从我个人与团队打交道的经验来说，第二次提问后，95%的情况下都不会再次发生干扰了。万一真的出现了剩下的 5%的情况，你要以尽可能友好的声调请求他过后再谈：“穆勒先生，看上去你好像有什么重要的事情要和施密特先生讨论。我希望你能在我的演讲结束后再谈，否则我会很难集中精神。可以吗？”如果他不想在同事面前表现得全无风度，他就不得不回答“好的”，然后安静下来。纯粹的假设来说，万一他回答“不行”，那么你可以礼貌地要求他们到外面去进行谈话。

第 11 章

如何对同事施加影响

谁都不要轻视自己的影响力。

——亨利・乔治（美国社会哲学家）

在前面的两章中，你了解了如何与同事建立一种良好的关系，以此作为紧密合作的基础。本章要讲的是，如何对同事施加影响，也就是如何在同事中建立一个贯彻自己意图与想法的基础。

分析自己的关系网

公司中存在两种类型的关系网。一类是顾问关系网。某一方面的专家都属于顾问关系网。在涉及专业知识时，人们会向他们寻求建议。有些人擅长的领域很少有应用的机会，如 B2B 营销或美国年终结算方法，鉴于这类专家影响力有限，在绘制顾问关系网时不予考虑。另一方面的专家则深谙企业核心业务，经常为公司提供咨询与建议。如了解公司主营业务或熟知全部生产设备的专家，以及那些经验丰富、有远见卓识、人们乐于向他们寻求建议的人员。拥有专业知识或丰富经验从而能够对决策产生重大影响的人，才拥有真正的权力。他们会定期受邀参加公司的重要会议，并提出自己的意见，作为中层领导者，你应该很快就能在公司里识别出这些举足轻重的人物。

另一类是信任关系网。我们信任那些曾经给予过彼此支持的人，而要做到这一点，彼此往往也互有好感和尊重。在信任关系网中，人们交换机密信息、达成攻守同盟。认清信任关系网的难度要高于分析顾问关系网。如果你作为新任领导者，刚刚开始掌管某个部门，那么，你可以通过一面观察一面打听来了解员工间的信任关系及其对彼此的影响力。理想的情况应该是，你能够与部门中一位既熟悉公司和同事又对你颇有好感的老员工建立良好的关系。从他那里，你就可以获悉同事中存在的同盟或对立关系。当然，你也可以仅凭观察每个人与他人的对话方式来进行识别。注意观察会前和会后，哪些人经常会站在一起，他们的举止如何。如果两个人相处融洽，通常都会非常容易辨别，最明显的就是，你经常会看到他们待在一起。在员工餐厅或者公司旅行途中，你也可以留意一下相互交谈的对象及他们表现出来的肢体语言。图 11.1 展示了一个顾问关系网和信任关系网的示例。

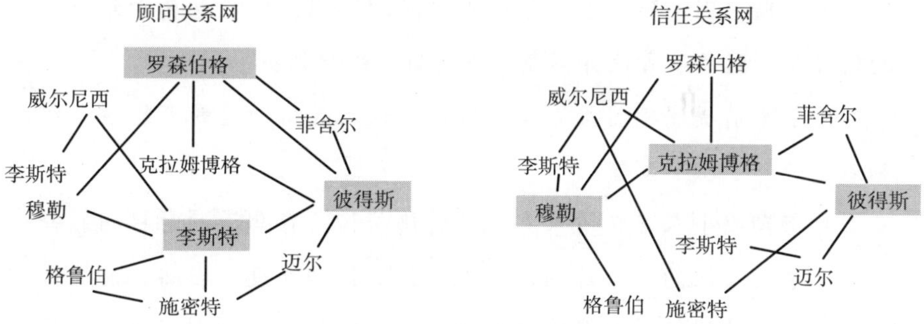

图 11.1　一个顾问关系网和信任关系网的示例

图 11.1 所展示的分别是一个在管理层中建立的虚拟的顾问关系网和信任关系网。对于很多人而言，罗森伯格、彼得斯和李斯特可以称为专家，人们会乐于向他们寻求专业性的咨询，也包括其他日常的建议。克拉姆博格、彼得斯和穆勒与很多人建立了信任关系，那些人会与他们交换信息，并且会受到他们的影响。值得注意的是，无论是在顾问关系网还是信任关系网中，彼得斯都扮演着一个重要的角色。此外，在 5 个关键人物中，克拉姆博格是唯一一个与其他 4 个人中的 3 位具有信任关系的人。

一旦认清了公司内存在的关系网，你就可以借此施加影响了。

假设，穆勒经理想要执行一个项目，而前提条件是这个项目必须赢得他的同事菲舍尔先生及其部门的支持。但穆勒认为，菲舍尔不但不会同意，而且会阻挠项目的实施，因为这个项目对他而言意味着要无端地承担更多的工作。因此，穆勒先生想出了一个策略，这个策略涉及上面所勾画出的网络中的 3 个成员：

罗森伯格，因为穆勒信任他，同时他又是一位受人尊敬的顾问。

克拉姆博格，因为他既属于穆勒的信任关系网也属于菲舍尔的信任关系网。

彼得斯，因为他既是一位受人尊敬的顾问，同时也属于菲舍尔的信任关系网（尽管他并不属于穆勒自己的信任关系网）。

为了事前提高项目策划案在经理会议上获得通过的可能性，穆勒着手进行了以下步骤：

- 穆勒以个人名义请求克拉姆博格帮忙，在合适的时机向菲舍尔提及他的这个计划，并表示出积极的态度。当然，前提是这个计划绝对不能给菲舍尔带来任何损失，否则，出于维护与菲舍尔关系的目的，克拉姆博格将不得不拒绝这个请求。

- 尽管彼得斯只是菲舍尔信任的人，却不属于穆勒的信任关系网，但在正式提出报告前，以向专家求教的态度向彼得斯征求意见。对于彼得斯提出的修改建议，穆勒在报告会前就将其融入了自己的计划当中。穆勒告诉彼得斯，自己全盘接受了他的建议，并对他在计划完善中给予的支持深表感谢。由于已经参与其中，彼得斯现在已经很难对此计划表示反对了。
- 穆勒将计划告知了自己的亲信又是专家的罗森伯格。罗森伯格对此表现出积极的态度后，穆勒请求他，在经理会议上，罗森伯格能够重申支持的态度。

那么现在，从菲舍尔这位穆勒计划的关键人物的角度来看，整个事件是什么样子的呢？

- 在一次午餐的时候，菲舍尔从他的亲信克拉姆博格那里获悉了穆勒的计划。菲舍尔已经知道，克拉姆博格对计划的开展持积极态度。
- 经理会议上，穆勒先生在正式做报告之前，公开向彼得斯对这个计划所做的贡献表示了感谢。彼得斯因受到恭维而获得了一种满足感，颔首微笑。菲舍尔对于他的亲信参与了这个计划，而且除穆勒和克拉姆博格外又增加了一个支持者感到非常吃惊。他觉得自己对这个计划的反对已经没有任何作用了。
- 在穆勒陈述完整个计划后，深受菲舍尔尊敬的顾问罗森伯格也站出来公开表示支持。就这样，菲舍尔的防线完全崩溃了，最后也只好同意穆勒的计划。

这个例子说明了如何以合理的方式对顾问关系网和信任关系网加以利用。

分析每位决策者所处的位置

今天，越来越多的企业管理咨询师开始承担起顾问的职责。他们接受委托来到公司，与众多人员进行谈话，收集信息，进行系统性的评估，并提出优化建议。除分析外，最重要的工作在于要为企业内部无法取得一致的各方利益寻求一个统一的安排。要想达到这一目的，咨询师要弄清楚应该对谁施加影响，以便获得多数人对于某一建议的支持。寻找那个关键决策者的工具是力场分析，这个工具对你来说也是非常有用的。

进行力场分析，首先要将所有参与决策的人分解成个体，分别考虑在建议获得执行的情况下他们将受到的影响，是正面的还是负面的，程度如何。针对每一位决策参与者所进行的分析的结果，你应该以损益表的形式记录下来。为此，你需要花费足够的时间，平静地思考每个人可能获得的益处与遭受的损失。有些得失难以一眼看透，所以不要进行想当然的判断！通过损益计算，你就可以得知每个人对建议所持有的态度了，同意、反对或中立。接下来，评估每个人对做出决定所具有的权力及影响力。企业内的职位层级并不一定与其所具有的影响力匹配。例如，与其他领导者相比，审计主管通常权力有限，但如果涉及与审计相关的事宜，由于他是专家，所以也就具有更多的话语权。

现在，将你的力场分析中所有相关决策人按照他们所代表（–5 ~ +5 分）的位置（反对、中立和同意）与他们在做决定时所具有的话语权（1 ~ 10 分）在图 11.2 中进行标记。你可以从图中一目了然地认清你所做的力场分析。每一个点就代表一位参与决策过程的领导者。

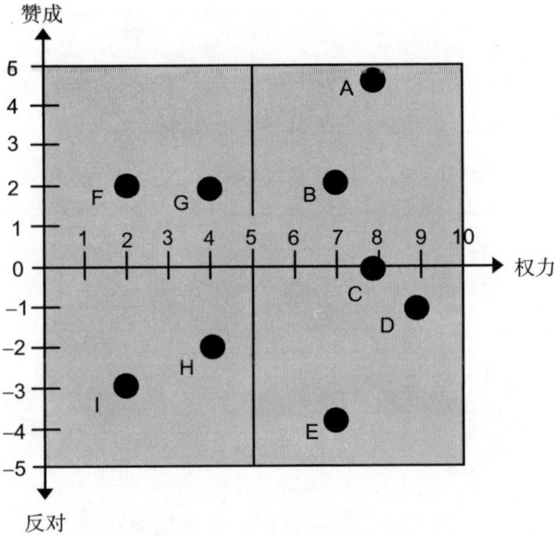

图 11.2　力场分析示例

如果对图 11.2 进行仔细观察，就能够发现，赞成和反对两方面的力量基本处于均衡状态。我们假设，你就是右上方的 A 经理，需要使哪位经理进行怎样的移动才能打破这种均势呢？你应怎样对整个状态施加积极的影响，从而使它向有利于你的方向发展呢？

在表示权力的 10 分中，经理 F、G、H、I 得分分别为 2～4 分，表示他们很难对决策产生重要影响。尽管不可完全忽视，但基本上已经难以左右大局。对你来说，重要的是 B、C、D、E 这 4 个人。如果你能够对其中一位或多位经理施加如下影响，整个局势就会呈现出对你有利的状态，如图 11.3 所示。

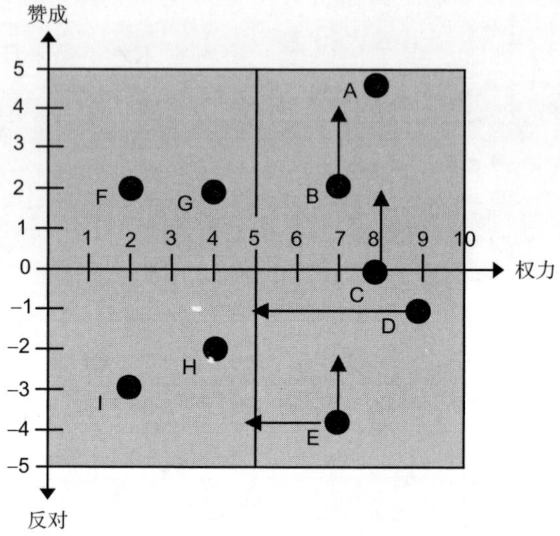

图 11.3 力场分析向有利局面转移

- 把 B 经理从赞同你的计划转变为强烈支持你的计划。
- 说服 C 经理从中立位置转变为支持。
- 在 D 经理有些不情愿的情况下，将其变为中立的态度（箭头向上），或者保持中立态度，不施加重大影响（箭头向左）。两种方法都可以达到孤立经理 E 的目的。
- 最后一种可能是，经理 E 作为主要的反对者，剥夺他的权力（箭头向左），或者说服他软化反对的态度（箭头向上）。但对于经理 E，几乎可以不予考虑，因为在你的损益表当中，你的计划只会给他造成损失，完全不能带来任何益处。很可能他会坚持自己的反对态度。

想要剥夺主要反对者的权力，往往需要借助不正当手段来实现。鉴于不正当手段不符合道德价值观，因此，我们对此不予考虑。

有一位经理所用的方法就更为圆滑，而且不那么富有争议。他让自己的秘书给主要反对者的秘书打电话。他的秘书会向对方解释，说正在为经理会议制定日程安排，因此需要询问其他人什么时候在公司以便能够出席会议。这样，反对者的助手会乐于提供他上司所有不在公司的日程安排，还会包括他不久将要进行的为期两周的假期。你完全可以想象，这个决定性的会议会在什么时候召开。

如果想要利用圆滑的手段，那么你就应该专注于剩下的 B、C、D 3 位同事。可以通过以下的方法使力场分析中的这 3 位决策者向上或向左移动。

- 向他们说明，你的计划的实施能够为他带来什么好处。也许这位决策者自己都未曾意识到某些好处。例如，缩小销售范围对处于持续压力下的销售经理意味着出差和在外过夜时间的减少，也就可以有更多时间陪伴自己的妻子和孩子。
- 为其提供某些利益，提高他在损益计算中的收益。例如，你和他做一个交易，下次对他的计划表示支持作为回报。
- 为其提供某些东西，减少他在损益计算中的损失。例如，某位经理必须为你的计划提供经济支持，但由于正有其他用途，所以没法满足你的需求。你可以告诉他，他只需提供富余的人力资源来代替财务资源即可。
- 请求某位属于你的信任关系网的成员改变自己的立场，成为你的支持者。

可以看到，对于 B、C、D 中的任意一人，你都有 4 种方法可以使用。总计下来，你就需要对 12 种方法做出权衡。通过有的放矢地进行布子，你可以将一盘棋下得如同行云流水。要积极地利用上面这些方法！与那些只会单纯地被动等待同事做出反应的人相比，事先对力量对比进行分析，并对正确的人员施加影响，这样的领导者显然更具优势。

此外，你还要意识到，主要的反对者 E 很可能也会尝试去赢得 D 对他的支持，因为 D 本身属于反对计划的一派，并且具有很大的影响力。如果 E 经理成功地对他进行了拉拢，那么，很明显你就会处于劣势位置。相反，如果你能够把 D 调整到中立或支持的位置，你很可能就已经稳操胜券了。因此，对双方来说，D 经理就是力场分析中的胜负手。

此外，比较重要的是，要将力场分析与信任关系网结合起来进行观察。例如，如果作为 A 经理，你与 B 经理有着信任关系，而他又与 C 交情颇深，那你就可以请求 B 在 C 面前以支持者的身份为你的计划美言几句。这也是完全合情合理的，因为 B 本身确实是计划的支持者。他在帮你进行劝说时，所表述的完全都是事实而已。

在公司中，不仅仅存在着信任关系网，也存在着不共戴天的敌对关系。你对此也应该有所关注。有些经理与公司内某人难以共事,一旦他们知道，自己的敌人正是计划的反对派中最难对付的一个，那么，在针对你的计划所做的损益计算中，就相当于出现了一个重大的利好。就像人们常说的："事半功倍。"有的时候只需在谈话中提及，他所厌恶的同事正是计划的主要反对者就已经足够了。突然之间，你的计划对他而言就变得更具吸引力了。

与意见领袖进行事先沟通

想要让一位有些许反对情绪的人转为中立，或者争取一位持中立意见的人的支持，一个行之有效的方法就是进行事前的交流。在决定性的会议之前，先私下与某位决策参与者碰面并向他阐述你的计划，而后双方进行讨论，并征询对方的修改建议，以此来争取在真正开会的时候能够得到对方的支持。你无须完全采纳对方提出的全部修改建议，一切都是可以协商的。而重要的在于在这样的谈话中要让对方感受到你的妥协姿态，这样，对方也就要准备好支持你了。

在有些情况下，你只需要与对方进行信息交流，而无须做出任何牺牲。在面对难以估量结果的事情时，人们会显得有些困惑犹疑，从而容易轻率地做出拒绝的表态。如果事先你就已经与一位举足轻重的决策人就会议中将会提出的问题进行讨论，那么，对方就有机会静下心来与你进行仔细的沟通。借此机会，你就可以向对方做出清晰的阐述，包括整个事情会给他带来的好处与坏处（损益计算）等。如果没有事先的讨论，那么在决策会议上，很可能他首先意识到的都是对他造成的损害，并因此表示反对意见。与忙乱的会议氛围相比，点上一杯咖啡，在安静而不受干扰的谈话氛围下展现出你的亲和友好，仅此而已，很可能就已经足以说服他，即使不表示支持，至少也可保持中立态度。

当然，不可以与主要的反对者进行这样的事先沟通，因为他们很可能会将获得的信息用在反对你的计划上。同时，值得注意的是，如果某些经理与你的主要反对者之间的关系比与你更为亲密，那么你同样不能与他们进行交流，因为他们很可能会把信息继续传递给那位主要的反对者。此外，在进行重要的决策前，要通知你的信任关系圈中那些已经表示出支持态度的决策参与人。这样做可以强化已经确立的关系，而且，他们也许还会为你提供一两个有用的建议。

如果你不知道团队中非正式的意见领袖是谁，该怎么办呢？我们假设，你与一个内部部门或外部企业进行合作，你还无从知晓对方团队中谁是重要的意见领袖，要怎样把他识别出来呢？就按照下面的方法：在进行常规性会谈的时候，提出一个简单的问题，而这实际上是一个针对意见领袖而设置的问题。例如，你可以问："今天能做最终决定吗？"或"到目前为止，你们觉得这个计划听上去怎么样？"然后注意观察整个团队的目光！一方面，如果一个人没有足够的权威，他就不会代表整个团队回答这样的问题。所以，在真正的决策者发表意见之前，所有人都会保持沉默。另一方面，面对这样重要的问题，所有人的目光都会不由自主地集中在意见领袖身上。当然，如果在座有一位级别更高的人物，同样也会具有聚焦的作用，在这样的情况下，值得注意的就是除他外，与会者另外关注的那个对象了。此外，还可以通过对在场的最高级别领导的关注对象来进行判断，因为领导本身在这些专业议题上通常也并非意见领袖。获得大多数人关注，甚至包括上级目光的与会者，通常就是那个对你而言至关重要的意见领袖。

第 12 章 构建可持续发展的人际关系网

未雨绸缪。

——中国成语

上一章介绍了如何通过对公司内关系网络的分析和利用来施加自己的影响。本章讲述的主题是意义上更为广泛的人际关系网，也就是说，我们的视野将从公司内部关系扩展至你身边的涉及公司内外的一切关系。

“人际关系网”是一个非常时髦的词汇。在任何专业杂志上，人们都会读到关于它的内容。历史悠久的俱乐部，如扶轮社或国际狮子会，广为人知。而全新的概念，如名片交友会，也正应运而生。很多渴望成功的人，包括大多数的中层领导者，希望尽可能与公司内外的重要人物建立联系，但并非人人都能如愿。你一定见过那些拥有众多关系、处处谈笑风生的领导者，也一定见过身居高位的孤家寡人。两者的区别在哪里？

就此，我们先来看一段出自马里奥·普佐的名著《教父》的节选。这一片段清楚地展现了意大利黑手党如何编织了世界上最为成功的组织网络。黑手党有目的地在社会各阶层人群中建立了一个星罗棋布的关系网。为建立关系网所使用的手段，除恐吓与贿赂外，还包括以友好的方式赢得善良市民的支持。下面这个简短的场景就展示了他们是如何做到的。场景是这样的，手握重权的教父唐·科里昂在自己女儿婚礼当天，与那些有求于他的人见面。

“汤姆·黑根随后带进来的这个人所面临的问题非常简单。他叫安东尼·科波拉，他的父亲曾与年轻时的唐·科里昂一起在铁路上工作。科波拉想要开一个比萨店，需要 500 美元购买设备和一个特殊的烤箱。出于各种原因，他无法获得信用贷款。唐掏了掏自己的口袋，拿出了一沓钞票，可是不够。他做了个鬼脸，对汤姆·黑根说：‘借我 100 美元，汤姆。周一，我去银行后，马上还你。’安东尼表示，400 美元也够了，但是唐轻轻地拍拍他的肩膀，以歉意的口气说道：‘婚礼花了太多钱，我手头现金有点紧。’他接过汤姆的钞票，连同自己的，一起递给了安东尼·科波拉。

汤姆以钦佩的目光注视着他。唐向他展示了，如果一个人想要表示慷慨，就要让对方知道，这种慷慨只是针对他的。像唐这样一个人不惜屈尊降贵，自己去借钱来满足科波拉的要求，这对他而言是一件多么荣宠的事情啊！尽管科波拉知道，唐身家百万，但有几个百万富翁愿意为穷朋友的哪怕是一点小事而给自己找麻烦呢？”

在上面的场景中，你可以看到教父是如何将他人与自己关联到一起的。他没有向提出要求的人询问那些难堪的问题。他不想知道，科波拉为什么无法从银行得到贷款，他能够提供哪些担保，他什么时候可以还钱。唐·科里昂表现得很亲切，没有说很多话，也没有要求科波拉过些时候再来，而是马上为他解决了问题。这样，他就为建立关系进行了铺垫。在索取之前，他首先就以非常友好而亲切的方式对这个着眼于长期的关系进行了投资。

这里，他采用了一些建立关系网时重要的规则。下面，本书详细讲述 10 个可以帮你建立强大人际关系网的重要规则。

与合得来的“活力剂”建立关系

很多人无法赢得人际关系网的一个原因就在于他们选错了对象。领导者经常希望将那些自己并不真正喜欢但是颇具影响力的员工囊括在自己的关系网中。这样所带来的问题是，双方缺少长久维持这种关系的必要纽带。正确的做法是只和那些自己喜欢和尊敬的人建立人际关系网。作为领导者，你所拥有的空闲时间非常有限，而关系网往往又需要精心呵护，现在的问题是，应该什么时候去做这样的事情。答案是：“随时，用那些零散的时间！”例如，你正要坐在车里喘口气，有了些空闲时间，那么你就可以偶尔给关系网中的某个成员打个电话，而不要利用这个时间来听收音机。在工作间歇喘口气的时候，给你的伙伴们写一封简短的电子邮件或给他们打个电话。总是可以抽出时间的。你现在一定会想：“就那么偶尔的闲暇时间还要去拨打这样的电话，这得多累人啊。”这正是问题的关键所在。如果与那些喜欢并尊敬的人建立关系，那么，抽空给他们打个电话或者用电子邮件进行一下交流对你而言就算不上负担。双方都会因对方的问候感到高兴。在缺乏具体理由的情况下，拨通谁的电话会让你感到发自内心的喜悦呢？

还需要注意的是，你所寻找的，要与之建立关系的人，不能是那种丧气鬼，而应该是“活力剂”。丧气鬼会令人悲观沮丧，和他们见面一次或者打一通电话会让你感到疲惫没动力。在向他们解释一个新的想法时，他们想到的都是问题和风险。这些人一生谨慎，散发着悲观的情绪。与“活力剂”的接触则会让你觉得动力满满。这种人是“助力器”，他们对你保持信任，同时对人生充满乐观态度。尽管他们也会从批判的角度审视问题，但是他们的问题的基础在于 “人们可以达到什么”，而不是“会遇到哪些痛苦”。留心注意一下，与某人接触时，你会有怎样的感觉，是筋疲力尽还是动力满满。

人际关系网是着眼于未来的投资

人际关系网具备诸多优点。例如，它能够帮助你获取机密信息，或者把你推荐到一个重要的职位。但所有这些都需要信任关系的存在！难道你会把几乎不认识的某人介绍给你的重要客户，或者向他透露机密的信息？答案通常都是否定的，因为这样做的风险太高。因此，你需要与那些自己喜欢并且与你有信任关系的人保持联系。这种信任不是凭空而来的，而是需要通过长时间的接触，向别人证明你的可靠与能力，对方也是如此。有时候，出于内心的信任与喜爱，我们会把某次活动中初识的人立即介绍给其他人。但这完全是特殊情况，建立信任需要时间，你应该尽早开始营造自己的人际关系网。与重要人物建立联系的一个好办法，就是在升职后，向你的上级索取一个包含 10 个人名单，名单上的 10 个人处于你的部门之外，但是在新的岗位中必须认识的。渐渐地，你就可以与这些人建立联系了。

有些人会问，能不能通过一些社会团体的会员资格尽快地与他人建立联系，如扶轮社、高尔夫俱乐部等。缺乏人际关系网，但又想尽快建立的人认为，在那些地方可以建立众多关系，从而为自己的事业助力。他们会利用所有可能的机会将一次普通的谈话转变为一次自我介绍，或者自我推销。但这样的做法在此类场景中甚为不妥，而且绝对是一条通向失去会员资格的绝路。这些社会团体的建立是出于对某事的共同爱好，如体育、共同价值观或慈善事业。有时候这样的会员资格确实会为你的事业带来一些颇有益处的联系人，但只是有时候！考虑到其微小的可能性，相对而言，投入产出就显得太不成比例了。例如，扶轮社要求你每周参加一次俱乐部集会，包括与伙伴们的社交之夜、圣诞节的公益服务或定期的外出。在你真的对某事感兴趣并准备为此付出的前提下，再去参加这样的社会团体，因为他们对新人往往怀有极高的期待！而如果参加之后碰巧能从中赢得一些生意上的关系，那就可以算锦上添花了。

分析并提升自己的利用价值

从人性尊严的角度来说，所有人都是平等的。但在人际关系网中，每个人都有具体的利用价值，而且价值大小各不相同。在选择你的人际关系网时要保持理智。对于董事会主席来说，你作为中层领导者，可能不会属于他的重要关系网，因为他能够提供给你的远多于你能够回馈的。要寻找那些与你层次相仿或者略低于你的层次的人。如果关系网能够长期维系，同时，你的关系网中的成员在事业上与你一同成长，那么随着时间的推移，你的关系网所具有的影响力就会越来越大。

思考一下，别人为什么把你纳入他们的人际关系网。你现在应该明白，好感与信任属于先决条件，但同时还需要具有利用价值。对于你的同伴来说，你具有哪些价值？可能是以下几点。

- 信息。
- 资源。
- 关系。
- 地位和名誉。
- 个性。

每个人感兴趣的事情各不相同。某人可能会把你视为有趣的谈话对象，因为你的观点和评论可以拓宽他的思路。相反，对另一个人而言，令他感兴趣的可能就是你所掌握的各种关系。想一想如何能提升你在他人心目中的价值，例如，通过有目的地交流或更多的付出。举例来说，你可以将手上的关系介绍给别人，以此作为先期的投资。

专注于有限数目的联系人

你是否仍然记得 80/20 法则及不均衡法则？大多数情况下，你可以通过少量的付出而取得大部分的成果。这一规则同样适用于人际关系网。有些著作在谈到人际关系网时，建议尽可能多地收集名片，积累关系。这并不是最佳方式，如果你在某次活动中获得了某人的名片，事后与他进行联系，此人很可能根本不记得你是谁，因此也就肯定不会为你做什么事情。要与那些认识你的人保持关系。极其活跃的社交迷确实拥有众多关系，并使之得到了精心维护，因为这样做能够给他们带来快乐。作为一位中层领导者，你根本没有足够的时间像德国的某些董事会成员那样去维系巨大而昂贵的人际关系网，他们能够做到是因为除一般的秘书处外，还配有负责人际关系维护的专门的秘书处。你应该专注于质量，并将人数控制在一目了然的范围内，而对这些关系越是加以精心维护，与他们保持定期的联系，他们在你需要帮助时施以援手的可能性就越高。将你的人际关系网分为内外两层。外层是那些有过一面之缘的人，内层则只限于那些你希望保持长期联络并愿意与之交流的人。内层关系网的人数由你自己决定。我认为 20 是一个比较妥当的数字，而且便于管理。从原则上说，你需要在一年中与其中的每一个人见至少一次面。20 个人，一年 52 周，相当于每隔两周半要与其中一人见面。这其实已经颇具挑战性了。在刚开始的时候，你可以选择 10 个人或者更少。

也许你曾经听说过“小世界现象”。它建立在这样一个假设上，即最多只需通过 6 次中转，世界上的每个人与另外的任意一人都可以建立联系。你和现任总理之间最多也只需 6 次中转。与各州州长，也许只需通过 3 个联系人。尽管这一理论并未在跨文化的范围内得到印证，但在一个国家内应该是完全有效的。对你来说，重要的是要与那些拥有丰富社会资源的人建立关系，这样，在你们拥有良好关系的前提条件下，你就可以去利用他们的关系网络了。我们假设，你的人际关系中包含 20 位社交活跃分子，你经常与他们保持联系并且关系融洽。如果这 20 个人每个人同样拥有一个内层关系网，再下去又分别有一个包含 20 个人的关系网，那么，你现在已经拥有 8 000 个潜在的联系人了（见图 12.1）!

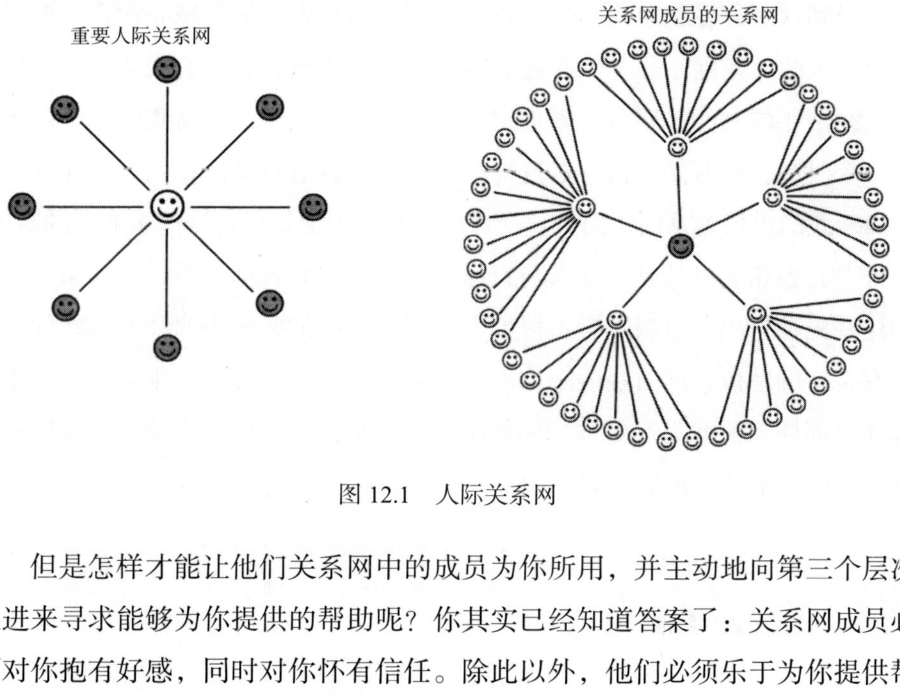

图 12.1　人际关系网

但是怎样才能让他们关系网中的成员为你所用，并主动地向第三个层次递进来寻求能够为你提供的帮助呢？你其实已经知道答案了：关系网成员必须对你抱有好感，同时对你怀有信任。除此以外，他们必须乐于为你提供帮助，其原因可能是，你曾经对他们施以援手。

先行付出

不劳则无获。就像上面唐·科里昂的例子所表现的那样，大多数情况下，你需要先进行一些投资。不仅仅针对那些对你而言具有更高价值的人，而是包括所有你愿意将其纳入自己人际关系网的人。对于这种先期的投入，其实可以是非常简单的，比如，定期与他们进行联系。现今，每个人的时间都非常有限。通常，每隔一段时间我们就会想到某人，然后觉得"我一定要和他联系一下"，实际却往往由于自己的惰性和忙碌而耽搁。如果一个人能与他人持续保持联系，对方就会对此留下积极的印象，但前提仍然是相互要具有好感。说到这里，我就想起了一位友好的年轻领导者，他曾经非常希望把我加入他的人际关系网。一开始我还有点矜持，只进行礼貌性的谈话。但这位年轻人在两年的时间里坚持不懈地定期通过电话或电子邮件与我联系，后来的某一个时刻，我开始觉得，对这样的投入，我真应该做出些回报。现在，他就属于我的内层关系网，而且，在这期间我曾为他提供过一些事业上的帮助。另外，我也在通过持续的联系与自己喜欢的人建立长期关系，而如果没有我的这些先期付出，这根本是不可能办到的。定期的联系表明联系人在你心里占有重要的地位，同时也表示你所追求的不是独来独往。如果像第一条中所陈述的那样，彼此具有好感，那你所做的付出其实可以非常简单。有时候一些小小的表示就已足够，如寄送一张生日贺卡。

真正去了解他人

如今，只有极少数人能够称之为好的倾听者，并且真正地关注他人。大多数人显然更看重如何表达自己，显现出他们是多么重要。如果你在对方面前表现出了真正的兴趣，在他眼里你就会成为一个非常有趣的谈话对象。要切实了解对方到底是怎样一个人。别人对我们表现出真正的兴趣，同样也会令我们感到高兴。诚然，你也应该将自己展示给他人，但更为重要的是要有了解别人的愿望。那些参加交际活动的人，如果只顾着自说自话，往往无法获得真正重要的关系。要记住关于某人的重要信息，能写下来则效果会更好，包括他的生日是哪天，他有哪些爱好，他的伴侣与孩子分别叫什么名字，他偏爱哪些食物等，在下次再与此人碰面前，抽出两分钟时间浏览一下收集到的这些信息。如果在 8 个月后的碰面中，你问到他孩子的近况，而且还叫出了他们的名字，或者告诉他所喜爱的球队升级了，向他表示祝贺，你可以想象对方会感到多么吃惊！

创建这样的小文件，获取他的孩子的名字或其他重要信息最多只会占用你 10 分钟的时间。切实地去了解他人的兴趣所在，一旦你对他有了更全面的认识，知道了他在事业上的发展规划，你就会知道怎样才能为他提供帮助。

如果要与某人进行第一次会面，而你又希望把这个人融入自己的关系网中，那么你应该事先对他进行一些了解。如果别人知道你花费了时间去对他进行了解，并且已经知晓了其重要的人生轨迹，他会得到一种颇受重视的满足感。要想获得这样的信息，因特网通常可以给你提供很多帮助。

表现得可靠而慷慨

如果处在内层关系网的某人希望与你取得联系时，但是电话没有打通，你应该在得悉后尽快给他回电，这样能够展现出你对他的严肃态度和高度重视。如果某人有求于你，不要拖延！要做到超过对方的期待，从而给他带来惊喜。如果你为自己赢得了实干者的声誉，那么你在别人心里的价值就会获得提升。要言出必行，如果你对某事有点犹豫，没有把握，要尽快知会对方，宁可千虑不要一失。如果某人给你提供了帮助，要向他致电表示感谢！如果别人帮了一个很大的忙，要在感谢时表现出慷慨。例如，为对方送去名酒或精致美食，或者尽快在一家豪华餐厅设宴感谢。这样做并不是为了以物质的形式来平衡对方提供的帮助，而是在用一种可以衡量的方式来表达感谢之情。有时送上一本图书并附赠一张感谢卡就已经足够了。如果关系网的成员使你获得了与某人见面的机会，那么要将会面的过程简单地通报给中间人。这一切看上去就是理所应当的，但是你不会相信，在实际中，很多人既不会为此表示谢意，也不会告知中间人见面的过程。要努力成为别人眼中可靠的人，要不断提升自己在关系网中的价值。

建立具有多样性的关系网

在公司内，要与其他部门的人建立关系。这会帮助你更为深刻地理解其他部门所关注的重点，从而可以对此着重加以考虑。除此之外，你还可以通过与那些自己喜欢的关系网成员进行沟通，从而更快地处理协作时出现的问题。但同时也要与公司以外不同行业的人建立关系。有些领导者拥有良好的人际关系网，但仅限于自己的部门之内或者自己的行业之中。这当然是非常重要的，但在很多领导者的职业生涯中，至少换过一次行业。于是，很可惜，整个人际关系网就完全失效了。

人际关系网能带来的一个重要的益处就在于不同意见的交流。在不同领域工作的人会为你带来新的推动力和不同的视角，而局限在自己领域的关系网，则无法帮助你拓宽视野。例如，作为中层领导者，你的关系网中包含律师、医生和建筑师，那么你就可以在自己或他人需要建议的时候与这些人取得联系，例如，在法兰克福地区哪位律师擅长劳动权益问题？哪位医生堪称德国的膝盖问题专家？通常来讲，这些人也会拥有其他的重要人际关系。建立人际关系网经常是一种着眼于未来价值的投资。人们永远无法预知，哪位成员会在未来带来什么样的价值。如果你是依照第一条规则来建立关系网的，哪怕某个关系无法带来任何利益，与对方的联系至少会令你感到愉快。即使艺术家、牧师这样与管理毫无关系的职业人群，能够带给你的也不仅仅是性格的扩展，在某些情况下，他们也可以帮你联系到你通常无法接近的人群。以一位我所认识的知名艺术家为例，他就与德国 3 位自治市市长中的一位，以及一些空余时间流连于文化场所的知名人士有着良好的个人关系。通过这样的关系，你就可以与自己关系网外的“局外人”建立联系，并为公司的重要活动邀请到一些知名人士了。如果公司内部同事之间流传说，你能够与著名的公众人物取得联系，你会感觉如何呢？

让别人明白你的发展方向

一旦确定想把某人加入你的人际关系网，那么你不仅要了解他的长期发展计划，同时也要让对方明白你的长期计划，这一点是非常重要的。只有在对方了解了你的长期目标后，他们才能够给你支持。某位成员也许就会在特定的情况下想起你，并与你联系，因为他看到了一个为你提供帮助的机会。因此，要与他人沟通你的近况，既包括远大理想也包括具体事项，就像下面的这个例子一样。

居住在法兰克福的一位公司部门经理想学习意大利语。他把自己的想法告诉了同处法兰克福地区的 4 位关系网成员。于是，其中一位为他介绍了一个时间灵活、教学质量优秀的私人教师来给他授课。另一位成员则给他寄来了一家航空公司的精致的培训计划安排，这位成员的妻子就供职于此，并且就是在那里学习了与工作相关的外语知识。

维持关系网的活跃性

要保持关系网处于活跃状态。如果你控制了自己关系网的人数，了解了他们各自的兴趣和长期发展目标，那么，总会有各种各样的情况出现，而你可以从中为自己的关系网成员找到能够加以利用的机会。此时，要尽快与他们取得联系，并说明情况。如果你与那位成员碰巧身处同一城市，则可以见面聊一聊。

第五条规则说要先行付出。重要的是，在此之后，你也要做好收获的准备。不可一味付出，也不能一味索取。在我周围，有的人只知付出，从不索取，即便别人一再提供他所真正需要的帮助。而从长期来讲，这样会使得那些接受帮助的人心中不安，欠人情终究不是什么值得高兴的事情。最有效、最稳妥的关系来自双方互通有无。遗憾的是，也会有一些人索取无度。他们从不主动联系，不关注他人，也不考虑如何为别人提供回报。你要认清现实，对于这样的人，在考验期后要将他们尽快清除出自己的内层关系网。自然会有那些因为你为这段关系投入时间而感到高兴的人替补进来。

练习

作为中层领导者，你无须过多考虑如何建立各种联系，因为通过自己的职业发展和目前的地位，你已经积累起了自己的人际关系网。而现在，重要的是你要去思考如何在目前的联系人中做出选择，今后，你希望哪些人成为自己关系网的重要成员。应该按照以下的步骤进行。

1. 将你的公司内外所有的联系人进行列表（公司内的名额不超过列表的 50%）。他们可以是同学、前雇主，也可以来自各种协会、团体或者是与你目前的工作有关的联系人。尽量回想到自己生活的早期阶段。那个时候，你与谁关系亲近？你对谁有特别的好感？
2. 考虑一下，内层的关系网应该由多少人组成？你对多少联系人怀有信任？要权衡你所须花费的时间成本，做出理性的安排。在开始的时候宁肯采用较小的规模（如 10 人），然后再逐渐扩大（如 20 人）。
3. 确认你所希望加入的关系网成员。优先选择下面这样的人。
   - 你怀有好感并且信任的人。
   - 你认为是属于“活力剂”类型的人。
   - 拥有广泛人脉而非独来独往者。

在开始的时候，如果只能为 10 个位置找到 8 个合适的候选人，那么暂时空置另外的两个位子。不要为了选择而选择！随着对关系网的长期培养，一定会有新的联系人出现。

4. 考虑一下，如何再次激活以往的联系人。
   - 如果不知道某人的电话号码，你可以询问一下，如学校的毕业生管理部门。在网站 XING（德国的社交网站）上，也可以找到一些往日的同学或同事。

- 如果可能，约定一次会面。重聚的场面大多会是非常温馨的。
- 为你的关系网成员建立档案，记录一些个人信息，把他们的生日标注在日历上。
- 存储关系网成员的电话号码，以便随时抽空与他们联系。

5. 第一次见面或第一通电话后，要思考自己能为对方提供哪些帮助。例如，给他寄去一篇重要文章的副本，为他介绍一个重要的联系人，或者其他一些符合需求的事情。

总　结

如何与同事有效合作

- 真正的对手是市场上的竞争者，而非企业内部的同事。那些敢于表达自己利益诉求，同时又能顾及他人利益的人，比那些只顾自己的人，更能在长期的相互关系中获益。核心问题在于“要想使双方获益，我应该怎么做”，而不应该是“我如何能实现自己的利益”。
- 使不同利益取得一致的一个重要原则就是，“先设身处地，再寻求理解”。真正理解别人的愿望意味着自己设身处地地站在别人的角度去思考问题。

如何应对难缠的同事

- 面对同事的攻击，至少要保持表面的平静。
- 锻炼自己的防御技巧，以便在冲突局面中能够迅速、有效地做出反应，而不会陷入压力之中。不建议采用针锋相对的方式，因为这往往会导致非人们所愿的、更为激烈的争论，并且对双方造成无法弥补的损失。

如何对同事施加影响

- 在每个企业中都存在着顾问关系网和信任关系网。认清它们，并以正当的方式善加利用是非常重要的。
- 在你想执行一个计划时，做一次力场分析，通过它的帮助，找到对重要决策者施加影响的 5 种方法中最为恰当的方式。

如何构建可持续发展的人际关系网

- 为了构建一个强大的人际关系网，你要注意以下这些重要的基本原则：建立关系网需要时间，因为需要与每一个成员建立起信任关系；和你喜欢的“活力剂”构建关系网；专注于有限数目的联系人；真正地去了解他人；要先行付出，并且让别人可以联络到你，要表现得可靠而慷慨；建立的关系网要具有多样性；让他人了解你的目标，并保持关系网的活跃性。

第 4 篇

管理与上级的关系

Führen Sie ihren Chef und das obere Management

前 3 篇分别讲述了如何对自己、员工和同事进行领导。为了获得全方位的领导力，你还需要在另一个维度，同时也是最后一个维度具备领导能力：管理与上级的关系，也就是处理好与公司高层的关系。这一层面对于你的成功与事业的发展是最为重要的。与上级的关系的处理不是建立在等级基础之上的，而是要依赖与施加影响力。这种关系管理能否获得成功取决于你希望对上级施加影响的原因。你的动机是什么？是要帮助上级、部门和自己争取更大的成功吗？如果是，那么上级很可能乐于接受你的影响，你的处理就能够带来良好的效果。但如果你认为“我的上级是白痴”，并总是希望通过对他的操纵而使自己获益，那你很可能无法获得成功。操纵意味着在违背别人意志的情况下将其肆意摆弄。而领导的艺术在于，要顺从领导想要达到的方向，同时加以引导。

我经常听到中层领导说：

- “受不了我的上级了。他根本不符合我对好领导的定义。我该怎么办呢？”
- “部门的情形越来越糟，第一次解雇潮之前就已经如此了，每个人都试图自保。我怎么能够避免登上黑名单呢？”
- “上层总是下达一些不切实际的目标。每个人都知道根本无法完成，可是我该怎么向他们反映呢？”
- “真不明白我们上级是怎么升到今天这个位子的，他的领导能力和性格都不好，会有人愿意接受他的领导吗？”

在本篇，我们就来回答上面及其他一些相关问题。第 13 章首先讲的是如果上级令你感到不满，应该如何处理。这种情况在现实中颇为常见。究其原因，一方面缘于脱离实际的目标和管理层中不断提升的工作负担造成了压力，另一方面是由上级自身的性格特点所造成的。

第 13 章
如何面对令你不满的领导

不是外部环境改变了生活，而是内心的变化体现在了生活之中。

——维尔玛·托马拉（德国记者）

你是否经常会说“老板让我心烦”？如果答案是肯定的，那么，欢迎来到“讨厌老板俱乐部”。几乎每位中层领导者时不时地都会因老板而感到郁闷烦恼。但有一个明显的区别：老板的行为是主要让你，还是真的让所有人都感到不满？如果他的行为主要让你血压升高，那你就该问问自己：“我对老板感到不满的情况出现的频率如何？偶尔、经常，还是持续不断？”

如果你的回答是“偶尔”，那么没有问题。而且，还要向你表示祝贺！要么是你碰到了超级好老板，要么是你已经学到了应对老板的真谛。如果你的回答是“经常”或 “持续不断”，那就不太妙了。

改变自己的态度

让我们来做一个“究竟谁有问题”的小测试。设想一下，你正开车急匆匆地赶往某处。前车司机驾驶的方式，我们客气一点来说，是“对轮胎爱护有加”。你又没法超越。大多数人会怎么做？他们会情绪激动、不停鸣笛、血压飙升。而前车司机对此毫无察觉，依旧心情愉悦。那么，现在究竟是谁有问题呢？你一定会回答，前车司机有问题，他根本不会开车，没准还是个重度痴呆。但好笑的是，你的这种想法一点儿也不会令他烦恼。是谁因损失了这可笑的一两分钟而情绪烦躁呢？换一种问法来说：究竟谁有问题？

在令人烦恼的情况下，冷静而心态放松地进行处理，做到这一点确实不太容易。正因为如此，在日常生活中，才会有那么多人焦虑激动。但以冷静而放松的心态面对还是可以做到的。下面是一位领导者的经验之谈，他讲述了他是如何调整自己心态的。

“我在高速路上开车，赶时间去赴一个约会，前面就是那么一个开车死慢的典型。没法超车，所以我又是鸣笛又是打灯，让他知道我对他驾驶风格的看法。在我最终实现超车时，我在车里看到的是一个已经完全吓坏了、几乎要哭出来的老妇人。当天，我一直为此受到良心的谴责。从那一刻起，我再不会因前车司机开慢车而感到烦躁激动了。在多数情况下，是很快就可以找到机会超车的。”

在这个例子中，不是外部环境发生了改变，而是驾驶者的态度变了，这也使得问题得到了解决。让我们来进行第二轮“究竟谁有问题”的测试。

如果领导的某些行为使你不满，而他认为这完全是理所当然的（并且他经常做出类似的行为），现在，究竟是谁有问题？

没错！你现在已经能够领会这个原则了。与上面的情形进行比较——你固然可以向领导“鸣笛打灯”，但结果通常是你的领导依然我行我素。当然，肯定会有某些时候，需要以极具勇气和技巧的方式为领导的行为划定不可逾越的界限。但大多数情况下，你对领导感到烦躁恼怒，既无意义也没必要。

在你对别人感到生气时，要时常问问自己“究竟谁有问题？”如果答案是“我有问题”，那么你马上就可以做出一些改变，要么改变自己的态度，要么改变外在环境，也就是他人的行为。即使自己手下的员工，想要改变他们的行为就已经是相当困难的了，而如果面对领导，则变成了几乎无法完成的任务。解决问题的“王道”在于改变自己的态度，这并不代表“退缩”或“屈服”，而是要明白，你对事物的看法，既非唯一，也并不一定就是正确的。

再举几个例子。

一位部门经理说：“我的领导保守，不善于接受新想法。”换一个角度来看：真的是这样吗？你到底提出了哪些新想法呢？是那些可以提高利润、减少支出的办法，还是提升顾客满意度的方法呢？如果是这样的主意，领导一定会非常乐于接受的。毕竟，领导是很聪明的。如果你提出的确实是一个好主意，那也许是因为你还没有将自己的建议所能带来的益处表达清楚。或者你在讲述自己的建议时，领导感觉你有一种居高临下的态度，于是他从根本上就怀有了一种否定的态度。又或者采纳你的建议将产生支出，却无法立即带来直接的盈利或者使顾客满意度得到立竿见影的提升。也可能是因为你的建议在领导看来并不属于他的主要任务，没有必要花费有限的资源和人力为那些非核心业务费心。如果这些建议确实能给领导和部门带来益处，而且你提出建议的方式得体又有效，那么，谁会不接受呢？有什么拒绝的借口呢？

一位部门经理说：“我的领导是一个麻木的人，他没有注意到自己经常给下面的领导者带来过多的负担。我们已经很辛苦了，他却总是交给我们更多的工作。”换一个角度来看：在你和团队承担了过重负担时，你是通过什么方式来提醒你的领导的？很多部门经理在接受领导分派任务时，会以一种平静的态度对领导说："周三完成恐怕会有点紧张。"于是领导反驳说："你一定可以完成的。"同时还会想："我这样做正是通过向他人表达信任来促进他们的成长。"而那位部门经理会想："我明明对他说下周三无法完成。唉，这下又要加班了。但是领导根本不关心。"

一位部门经理说："领导要把我逼疯了，每次开会他都迟到，总是说有什么重要的事情。"换一个角度来看：先照镜子看看自己吧。你对领导这样的行为有些不满，并且必须等待。此时你有何感想？但如果是你因为某些紧急情况绊住了领导，以至于他必须与你再谈几分钟，这时，你就不会感到丝毫的烦恼了吧。如果别人因为你占用了时间而必须等待，同样的行为就变成合情合理的了。如果真的对迟到感到不快，你就该这样说："领导，几分钟后你就要开会了。我们什么时候再继续讨论这个话题吧。"这样才是"己所不欲，勿施于人"的表现，而且这样的做法会比在等待时哭丧着脸能传达出更为有效的信息。

发生冲突的时候，首先要考虑自己对其所负有的责任。与领导或其他人发生冲突，你本身是脱不了关系的。你正是冲突的一部分，对于这一部分，你可以施加直接的影响，而这样往往可以对另一部分产生积极的效果。但如果所有同事都无法和这位领导很好地相处，那就表示他确实是那种难以对付的领导。即使如此，也还是会有其他方法的。

注意对领导的基本态度

无法忍受领导的古怪性格，或者更甚，你认为他完全就是一个白痴，那么，你应该明白以下事项：

- 喜爱与厌恶都是相互的。如果你认为“我的上级是白痴”，那么你会通过表情和肢体语言或多或少地将自己的观点表现出来。领导可能很长时间都没有注意到，但总会有那么一刻，他突然有所察觉。之后他很可能将你也当作白痴一样对待。
- 如果领导确实能力欠佳，那么你只需关注他的优点，而不要去理会他的管理能力。身为下属，指明领导的缺陷不是你分内的工作。这是领导的领导该做的事情！如果他的领导不想处理，你作为下属是很难改变什么的。替换不合格的领导是公司高层的工作，选择业绩优秀、认可并遵循企业价值观的人担任领导是他们的责任。如果你的领导业绩糟糕或者一心为私，高层迟早会洞悉一切并将其替换！你力量有限，是没法做到这一点的。
- 即使你确实将你的领导挤出了公司，其结果对你而言可能也是有百害而无一利的，哪怕你的领导一点儿也不讨人喜欢。由此，你会被冠以“领导杀手”的不良名声，哪个领导会希望这样的员工做自己的手下？而在现实中，又很少会出现你直接取而代之的情况。

即使领导常常不能满足你对于优秀领导的期望，你也应该将注意力更多地集中在他积极的一面和他的优点上，这样做对你们双方都更加有利。观察一下你的领导擅长什么，不擅长什么。擅长的，要给予认可；不擅长的，要提供支持。这样，你们双方的关系就会有积极的改变。同时，你的事业也会获得更多的机会。原因在于，如果你的领导在你的帮助下取得了突出的成绩，那么很可能他会得到升迁或者跳槽到其他公司。继任者往往是来自本部门的一位成绩斐然、引人注目的杰出领导。这个人也许就是你。

如果你的所作所为恰恰相反：你看不上自己的领导，给他的帮助只限于完成自己分内的工作，你的工作成绩刚好达到人们难以提出批评的最低标准；如果你的领导此时得到提升，或者出于某些原因离开了公司，谁会成为他的继任者呢？会是那个在前任领导手下默默无闻、业绩平平的人吗？不可能。如果无法找到真正卓越的继任者，人们宁肯从外部的申请者中进行选择。在可能的情况下，继任者往往会从原来的公司带来一个得力的关系好的人作为自己的潜在继任者。

致力于改善双方的关系

好消息是，你无须重新塑造你的领导，反正这也是你无法完成的工作。你只需致力于改善双方的关系，这个任务就要简单得多了。你完全不需要委曲求全就能获得这样的成功。

你应该按照下面的练习中介绍的步骤去做。

练习

第一步：想一想，你喜欢老板哪些地方，学着去欣赏这些优点。要观察他积极的一面。

我们在这里分享一位经理的经验：

“我曾经认为自己的老板刻薄而暴躁。每个人都认为他能力不足，而且令人生厌。有位同事想出了一个圣诞节活动，要求每个人在纸条上写下最喜欢其他人的哪个方面。在圣诞节时，每位同事和领导都会收到一封信，上面汇集了所有人对他的评价。这个主意让我感到非常为难，因为我在那位领导身上看到的全是缺点。可是，在我认真思考后，确实从他身上找到了那么几个优点。例如，他非常可靠，人们可以完全地信任他的承诺。他非常谦虚，如果人们提醒他犯了错误，他会马上承认，并毫不犹豫地道歉。而且，他对所有人都很刻薄（包括他的领导和客户）。

一步步地，我又在他身上找到了更多的优点，而所有这些，都由于对他刻薄性格的深刻印象而被完全忽略了。我从他身上看到了积极的一面，这个事实改变了我对他的态度。很快，当他注意到我渐渐淡化的敌意，我们相处得更融洽了。”

所以，要写下来你喜欢领导的哪些方面。如果没法想到任何优点，则说明你对他缺乏公正全面的认识。每个人都有优点和可爱的一面。观察你的领导一段时间，他擅长什么？哪些是他积极的一面？假设你必须在一周之内从领导身上找到 7 条令你喜欢的优点，如果不能完成，你会被立即开除。那么，你会找到哪 7 条优点呢？

第二步：记录下来，在合作过程中什么会令你觉得困扰，什么是你希望改变的。

重要的是，你要做出具体的表述。不要写“领导质疑我的能力”，而要写“在过去的 3 次月度收入预测中，领导有两次都提出了异议”。不要写“给我们安排的任务过重”，而要写“领导每周都会有至少一次把会议安排在晚上 7 点以后，而且，他还把经理晚上加班、周末加班视为理所当然。再有，大约每隔两周就会分派一次第二天就要完成的紧急任务”。

第三步：在所有记录下的问题中，选出最令你烦恼的一两条。如果你与领导的关系确实非常糟糕，那么你可以选择最容易解决的一个问题。设定一个目标，例如，从下月开始，让领导认可我的月度收入预测。考虑一下，如何才能达成这一具体的目标，并且彻底解决或者至少弱化这个选出的问题，例如，我要把收入预测做得更为明晰易懂。此外，我要亲自去找领导进行面对面的陈述。

通过以上 3 步，你会对自己的领导产生更为客观的认识，但前提条件是，你确实致力于改善双方的关系。通过观察他积极的一面，可以帮助你摘掉自己的有色眼镜，正是它使你到目前为止一直抱有批判的态度。当然，你也可以选择维持现状，这也没什么问题，只是，你要接受这种选择所造成的后果。

为领导带来什么

接下来，你要思考的是，到目前为止你在哪些方面满足了领导对于员工的期待。一般来说，领导会有 3 种期待，而这些同样也是你希望从自己的下属身上获得的。

业绩

这是为领导提供支持，并减轻他负担的最佳选择。做出业绩，帮助领导达成他的目标。这样，你已经贡献良多了，但这还远远不够。你一定要知道，如果仅有业绩，却缺少以下两点，这样的员工通常也会遇到各种各样的问题。

忠诚

这里所指的忠诚是针对自己领导的忠诚，他可以信赖你吗？从前，一位日本领主可以毫无理由地将他的武士送进寺庙出家，或者要求他剖腹自杀。虽然这样的忠诚看上去已经迂腐过时，今天见到的却常常是完全的忠诚缺失。当今，有些经理在和领导开完会后，第一件事情就是跑去咖啡间做出各种讽刺性的评论，原因仅仅是因为他的一个提议没有获得通过。

在讨论各种解决方案时，维护自己的方案自然是理所当然的。但如果领导或团队选定了另一种方法，那么，你就应该接受大家的选择，并且对外要保持一致的声音。你是怎么做的呢？尽管决策结果令你沮丧，交流对象令人抓狂，你是否在外人面前依然力挺自己的领导呢？你又是如何谈论自己的领导的呢？在这里，有一个适用的规则：与别人交谈时，不要谈论领导。保持忠诚！

对领导权威的认可

领导就是领导，这没什么可讨论的。如果通过自己的行为、表情或身体语言间接地表现出你不愿接受他做你的领导，那你是在给自己找麻烦。没有哪位领导可以长期容忍这样的事情。即使他未能达成你的期望，你也要接受这样的角色分配。就如同没有一位完美的员工一样，也不会存在一位完美的领导。每个领导都有自己的怪癖，你只能接受。可以尝试通过你的工作对他施以正面的影响。牢骚满腹或消极怠工对所有人都会产生不利影响，包括领导、公司、员工，也包括你自己！

不要让情绪被别人控制

在工作中，我经常碰到一些中层领导者，甚至也包括高层领导者将自己定义为牺牲品的角色。千万不要这样做！这样就等于你从精神层面放弃了解决问题的权利，并将它移交给了别人，允许别人左右你。如果一位经理这样谈论他的领导："当他做××事情的时候，完全把我给气疯了。"这意味着是领导决定他是否产生怒气。更具体地说，如果你的领导又一次在会议上迟到了，这个时候，你可以完美地演绎受害者这一角色，并且想："每次都让我等，我还一点办法都没有。"这样做，就相当于你赋予了领导用他的行为影响你心情的权利，看上去似乎就是由他决定了你的感受。你其实也可以这样想："可怜的家伙，总是忙忙碌碌，总是迟到。"然后，继续保持自己的良好心情，这样，你就相当于掌握了对自己的控制权。

"那好吧，"你现在也许说，"但如果他是故意这样做的，以便向我显示他的重要性，以及我在他眼中是多么微不足道，那就太令人生气了，不是吗？"

我们的方法在这样的情况下仍然是有效的。你是想将权力交给他人还是留给自己？你可以这样想："真遗憾，他这个做法完全是没有必要的。"然后，依旧保持良好心情。由此，你就保留了自己的权力。决定权来自你自己，而非他人！

你应该清楚地认识到：从原则上来说，你和领导会在两个层面发生碰撞。第一个是等级层面，在公司内部，他的层级在你之上，并因此拥有更多的权力；第二个是人性层面，在这一层面，你们处在同一水平，完全平等。从人性层面来讲，他不会掌握更多的权力。相反，你可以通过人性层面来冲抵他在等级层面做出的行为。来自等级层面的权力展示，往往是在人性层面欠缺成熟的表现，或者意味着你的领导在人性层面受过严重伤害。如果你能够明白这一点，就可以更轻松地应对了。

但是不能犯下这样的错误，认为自己在领导面前占据了道德的高地："我永远也不想成为他那个样子！"这会导致你在人性层面上对他的贬损。于是，你就会将他渺小化，而他早晚都会对此有所察觉。没有人愿意被人看低，所以，领导会在等级层面向你展示谁才是真正的老大。如果你认识到了领导所犯的错误，要努力避免对他做出评判。对他保持积极或至少是中性的态度才能改善双方的关系。只有这样，他才会在人性层面向你敞开心扉。也只有这样，他才会在一定程度上甘于接受你的影响。如果别人认为你能力低下，是个可悲的家伙，你会乐于接受他们的影响吗？这样做并不意味着让你成为一个毫无抵抗的牺牲品或垫脚石。恰恰相反，你将会看到，对领导怀有欣赏的态度会为你带来意想不到的好处。一旦你们的关系变得牢固而坚韧，他甚至可以接受你提出的批评。如果领导做出了不成熟的举动或进行挑衅，你的自卫与申辩也就会是完全合情合理的了。而如果攻击涉及你的下属，自卫就更是你应当肩负的责任了。

第 14 章

让自己变得不可或缺

唯一能让领导信服的东西就是你自身的价值。

——克劳斯·图穆切特（作家、项目管理专家）

无论是希望继续获得提升，还是想在目前的职位上获得不可替代的地位，在与领导的沟通中，你都需要注意一些规则。如果你能照办，就会成为中层领导人中的领先者。现在，领导对你看法如何？假设你的领导需要为手下的经理们进行一次排名，你会处在哪个位置呢？

你的排名当然会取决于你取得的业绩，但仅此一点并不具有决定性。而你利用一些方式使自己与团队的成绩广为人知，至少也有着同等重要的作用。作为经验丰富的经理，你一定要明白，公司中只有那么一部分人是由于业绩突出而获得提升的。人事选择程序往往没有一定之规，而且难免带有主观性。某位经理离职，往往需要尽快确定继任者以维持公司的正常运作。高层们集中到一起，对候选人进行讨论。那位在多数高层心目中留有积极印象的候选人中选，而往往不是那位从客观来讲业绩最为优秀或条件最相符合的人！市场研究得出结论，拥有美丽包装的产品，即使品质一般，销量也会好于一个包装平平却品质出众的产品。你拥有的是怎样的包装呢？你的领导是如何看待你的呢？

彰显自己的成绩

如果你认为老板清楚你的工作与付出，那么，请读一下延斯·乌韦·迈尔的亲身经历，他是一位电视台记者，长年奔波于中东与波斯尼亚交战区，进行战地报道。

“有那么一些员工从来未曾引起领导的关注。他们处事低调，安静地解决各种问题，不与任何高层打交道。我认识到这个事实要得益于一次与电视台高层的会面，而我就是为了这家电视台满世界不停奔波的。见面的原因是我需要他的签字来履行一个程序。见面之后，他提出的问题是，我的工作到底是什么。我现在仍然记得所有的问题：我在波斯尼亚怎么样，我怎么能做到每天傍晚在不同的地方进行报道，我觉得自己的工作如何，等等。这些问题着实让我惊诧万分。在过去的一年半，我几乎每晚都要进行实况报道。走到大街上，时不时都会有人认出我，并过来攀谈几句。而在我老板眼里，我完全成了一个无名之辈。怎么会这样？人总是会主动地去认知对他而言意义重大的事情，其余的往往会被忽略。换一种说法，对于我的老板而言，是谁每晚进行直播报道根本无所谓，唯一重要的是要有人在做这件事情。”

这个例子告诉我们，你最好不要幻想在没有时时沟通的情况下，老板也会明白你所承担的工作。高层领导业务繁忙，根本无暇关注你的成就。除去那些实实在在的成绩，其实这也是处在次要地位的，老板对你的看法更多地来自你以直接或间接的方式主动给他留下的印象。很多中层领导工作能力出众，认真关注如何顺利地完成自己的任务，也正因此，上级对这些经理根本没有丝毫的印象。

高层对中层领导的认识分为 3 类。第一类是那些无法完成目标、不断闯祸且声名不佳的经理。在现今的企业，这样的人通常很快就会被替换掉。第二类是那些低调、从不制造麻烦、能够确保一切顺利运行的经理。而对于这样的人，领导最多也就是留有些许良好印象，或仅仅把他们看作平庸之辈。他们没有听到任何批评，可也没听到什么赞誉。第三类经理，因为时常听到对他们的好评，所以他们在领导面前口碑颇佳。你属于平庸的第二类人，还是出众的第三类人，区别仅限于你如何彰显自己的业绩。

也许你是那种对吹牛自夸心怀鄙视、视谦虚为普世皆准的美德的人，若果真如此，那你其实应该这样想：吹牛者是在编造，大多属于虚无，他并没有在现实中真的取得这些成就。但你和团队获得的却是实实在在的成绩，而且，让别人了解这些成绩也属于经理分内的工作。标榜自己的成绩是明智之举！工作中不要只知谦虚谨慎，你可以在私下保持这一美德，而且这也会使你显得更有风度。例如，你受过良好教育，却谦逊，似如玉君子，那么这就是一种风度。如果在工作中取得成就，却仍然谦逊低调，那这就不是风度，而是愚蠢了！向他人展示在工作中取得的成就本身就是管理工作的一部分。这是在对自己和员工负责！员工会乐于在一位广受尊敬的部门领导手下干活。特别是那些优秀员工，更无法忍受一位默默无闻、缺乏气场的领导。要努力使公司里的人认识到你和你的团队所取得的成就。

对于你和团队取得的成就，要努力去争取理应得到的荣誉。英国国民经济学家理查德·科布登曾经写过：“荣誉人人抢，责任无人担。”事情顺利，想抢功劳的人就会排成长队。营销部门的主管会说他的营销策略带来了成功。研发部门总是强调，他们对产品的改进是成功的关键。你无法回避这样的情况，要让别人知道，成功主要源于你的部门所做的贡献。如果此时仍然谦逊礼让，就意味着剥夺了员工应得的认可！

练习

回答下面的问题：

- 你的部门在公司中的声誉如何？
- 你上次在老板面前叙述自己的成绩是在什么时候？
- 通常你会选择间隔多长时间在上级面前陈述一下你和部门取得的成绩？
- 你还有哪些可以值得炫耀的成就？
- 你打算什么时候去向领导陈述你的成绩？

站在上级的立场考虑问题

学会依照高层领导的思维方式进行论证。如果你只讲生产流程改进、营销活动计划或研发部门的新建议，那么高层很快就会昏昏欲睡。但如果你给他们讲如何提高利润或达成核心目标，他们则会精神焕发、全神贯注。因此，面对高层时，要以这些内容为根本来设立论点。想要从老板那里获得支持，就要让他感觉你并不是在提出要求，而是给他带来了滚滚财源。转变一种表达方式提出你对于所需资源的需求，要让它变为一种投资，而非一种成本，只有这样，你的请求才能获得批准。向高层推销的不能仅是投资本身，而是要让他看到投资能够带来的预期收益或成本节约。资源有限，僧多粥少。要使领导觉得为你投资稳赢不输，要让高层认为你的计划是利用资源的最佳途径，想要清楚地说明投资能够带来的回报，就要回答萦绕在高层脑海中的 3

个核心问题：

1. 投资会带来哪些收益？能提升利润，还是至少会实现一个重要的战略目标？

2. 需要多长时间？什么时候见效？

3. 预期结果出现的可能性有多大？

让领导了解真实的你

高层很少有时间细致了解每位中层领导。老板对你的整体印象通常是建立在区区几个特点基础上的。典型的就是因光环效应而形成的偏颇的印象，它的意思是，通过某一个显著的特点为整体印象定下基调。我们假设，你现在正在进行一次面试，得知应聘者曾就读于哈佛大学，尽管对其他信息知之甚少，你很可能已经认定他具有聪明、自律和自信这些特点，而这就会造成一定的偏颇印象。例如，应聘者回答了一个问题，同样的答案如果出自其他应聘者之口，你可能认为只是一个中规中矩的回答。但现在，因为已经认定这位候选人聪明机智，于是你也许自问，貌似平淡的回答背后究竟蕴藏着什么深意呢，毕竟人家是在哈佛学习过的啊。

我认识一位经理，每天早上他的文件筐中都装着高达 30 厘米的待办文件。可到下班时，一定是空无一物，而且整个办公桌整洁有序。我曾深深地被他这种自我管理能力所折服，并将他视为高效、整洁的模范。可是几年后，我在指导一个大型项目需要他的帮助时，才发现那完全是我自己的臆想。实际上，他既粗心又邋遢，只有办公桌能够保持整洁。而这个整洁的办公桌就给我造成了强烈的光环效应。

与光环效应类似的还有所谓的间接信息。由于通常很难对一个人进行全面细致的了解，所以，我们会乐于根据间接信息来形成对他人的判断。圣迭戈加利福尼亚大学的塞缪尔·波普金教授曾经在选民中针对间接信息这一现象进行过研究。只有付出高昂代价，克服重重困难，选民才能对政治家的经济专业能力做出评判。但如果听说这位政治家曾经学习过企业管理，人们就会对这样的间接信息加以利用，从而得出结论：他肯定很懂经济。于是，企业管理学学位就和处理复杂国民经济的专业能力画上了等号。

对于本国的政治家，民众了解多少呢？其实知之甚少。因此，美国的公关策略专家就会尝试通过政治家的简历，以间接信息的方式在选民头脑中营造出一个公众所期待的形象（期待的形象：布什是一位天生的斗士。间接信息：他的父亲曾赢得了第一次伊拉克战争并取得巴拿马战争的胜利）。相反，其他党派的策略专家则会着重强调政敌在履历中的瑕疵（期待的形象：布什是一位逃避兵役的懦夫。间接信息：布什只参加了国民自卫队，就是为了逃避远征越南）。

下面的例子会告诉你，如果别人只获得了片面的间接信息会产生怎样的负面结果。

某家公司准备在一个部门下面成立一个单独的国际营业部，负责应对世界范围内一些特定的客户需求。这个问题涉及两个部门，我们称为部门甲和部门乙。两个部门似乎都可以负责管理国际营业部。经过权衡，最终决定由部门乙负责。就这样，部门乙的经理显然获得了更大的责任和与之相应的权利，不久，他的工资同样获得大幅提升。部门甲的经理则一无所获。过了一段时间，部门甲的经理从传闻中得知，当时做出这一决策的关键原因在于他的简历中涉及国际化的内容太少。于是，大家都认为他缺少对多元文化的敏感性，所以难以领导一个面向全球的跨国部门。他给公司高层的印象是，他的岳父母在法尔茨的村庄有一个体面的酒窖，而他经常在周末跑去帮忙。其他人会有这样印象的另一个原因在于，每到大型宴会时，他都会负责提供酒品，并且极力渲染他的家庭背景。“法尔茨酿酒师”听上去就很难具备应对多元文化的能力。但其实，遗憾的是，经理甲从未提起过，他不仅英文优秀，同时还能讲流利的西班牙语，葡萄牙语也具有颇高水准。尽管这些都写在他的简历中，可那个时刻没人能记起这些细节。此外，只有极少数人知道他的妻子是一位中国人，而且，由于他的父亲曾在南美洲为一家集团公司工作多年，他童年的一段时间就是在那里度过的。但这些信息并没有写在他的简历中。如果人们知道他就是那位娶了中国妻子，曾长期居住在阿根廷的经理，你觉得还会有人质疑他对多元文化的理解吗？

你现在应该已经明白，传播正确的间接信息是必要而且有益的。不要再去幻想这个世界或老板会保持客观。人们往往根据自认为重要的少量信息做出主观选择，而头脑通常只是为这种以感性为基础做出的决定找到理性的借口。

练习

你希望在同事和老板的心目中植入哪些间接印象，从而让他们认识你真实的能力水平？

勤恳耕耘和泰然自若

你觉得给人留下哪种印象更好？是让人觉得身为经理就要不断挑战自己

的生理极限，努力工作？还是希望别人认为你可以信手拈来、轻而易举地解决问题？多数人会觉得，努力工作的形象更好。原因仅仅是，如果你没有表现出辛苦工作的样子，领导会为你分配更多的工作。事实果真如此吗？这样的选择不是等于主动剥离了你身上所有的神秘外衣吗？托马斯·曼在他的讽刺小说《骗子菲利克斯·克鲁尔的自白》中描写了年少的菲利克斯和他的父亲来到一家剧院，欣赏了一位令公众如痴如狂、令女性心潮澎湃的著名演员在舞台上的精彩表演。表演结束后，由于他的父亲和这位演员是旧相识，于是父亲把菲利克斯带到了后台。在演员更衣室中，菲利克斯得到的却是一次令人深感震惊和失望的经历。那位演员，刚才还一派仪表堂堂、气宇轩昂的样子，现在已卸去妆容，脸色苍白地坐在更衣室里，全身上下只有一条内裤。他那红肿的双眼凝视着两位来访者，满身脓疮，不安地反复询问，他刚才的表演是不是很精彩。反差如此之大！在舞台上，这位演员创造了一种幻象，而正是这种幻象使人们心甘情愿付出金钱，络绎不绝地来观看演出。一旦卸去妆容，舞台后的真相便残酷地摧毁了这种幻象。你可能说："我是经理，又不是演员。"没错，可尽管如此，你仍然可以做出选择，只给他人传递那些可以造就积极幻象的信息，并使它们免受破坏。例如，你要进行一次重要的演讲，那么，就提前进行精心准备，并反复练习。这样的话，在现场你会表现得自信而放松。所有人都不知道你在台下的付出。演讲后，老板向你表示祝贺，这时，也不要透露你在私下做出的各种努力。否则，你就会破坏老板对你形成的幻象——一个天资聪颖的人。让人们保持对你的好印象，让人们觉得你就是可以轻而易举解决问题的人。与向他们解释自己用了多长时间进行了多么精心的准备相比，保持神秘会让你的形象在他们眼中显得更为高大。

假设你的老板交代了一项十万火急的关键任务，看上去根本来不及在规定的时间内完成。于是，为能准时完工，你 3 天 3 夜不休息，总算搞定了。

老板惊诧不已，对你刮目相看，想知道你是如何做到的，这原本是不可能的啊。现在，你可以向他解释自己喝了多少杯咖啡，搭上了多少睡眠时间，付出了多少辛苦。他会为此给予你高度评价，却不会留下什么深刻印象。如果你心情愉悦、面带微笑地眨眼向他示意，并告诉他“老板，时间是有点紧迫，不过，你是知道的，不管多麻烦，我一定不会让你失望”。这样他可能就会认为你是一位能力出众的经理，可以化腐朽为神奇。把那些辛苦留给自己去回味吧，获得提升的往往都是那些看上去泰然自若的人，而不是那些已经达到能力极限的人。但是，如果你确实已经长期深受其苦，完全没有余力了，上面的情况也就不再适用了。若真如此，你就需要与老板说明白了。

不要成为那种提出困难的人。有些经理会向所有人讲述自己在工作中遇到的困难，如市场局面多么难以打开、存在着多少问题等。他们觉得这样就能显示他们多么用心地在为公司工作，而这恰恰与我们所说的泰然自若完全相反。还有一些经理，虽然也会在老板面前诉说自己的困难，但必定会明确地表示，他已经圆满地解决了这些问题。如果你要与老板讨论一个目前面临的问题，不要用那种悲观哀怨的表情，一定要同时给出你事先想好的 3 个解决方案，让老板可以从中做出选择。这样，你就给他留下了一个问题解决者，而不是问题提出者的印象了。

领导接收信息的方式

要观察自己的领导喜欢用什么样的方式处理信息。大多数人要么是以“读”的方式，要么就是以“听”的方式。“读”者喜欢把事情形成文字，然后静静地阅读。通过这样的方式，他可以又快又好地采集信息。约翰·肯尼迪就是这样一位“读”者，他的顾问总是需要将自己的意见以书面形式呈现给他。只有在阅读了这些文字，标注了重点之后，肯尼迪才会与他的智囊团交换意见。艾森豪威尔总统同样是一位出色的"读"者，他会把所有重要的事情都总结到一张纸上。相反，弗兰克林·罗斯福是一位绝好的"听"众，他在专注于字面之前，需要别人先为他朗读出来。你是哪类人？是一位"读"者，还是一位"听"众？你最喜欢用哪种方式接收信息？

尽管有些人两种方式都擅长，但他们确实属于特例。大多数人都是偏向二者取其一的认知方式。想一想，你的老板喜欢用哪种方式？如果无法确定，你也可以亲自问他希望以什么样的方式从你这里获取信息。很多人会误认为别人获取信息的方式与自己相同。作为一位"读"者，你可能准备了详尽的报告，然后交给老板，他却没有仔细看，而是像翻连环画一样一带而过，然后对你说："总结一下，做一个简化版的。"这是因为你的老板实际上是一位"听"众。于是你会想："他到底看不看啊，我写这么多为了什么呀？"老板的这一行为在此种情况下非常容易被视为缺乏尊重的表现。若你恰巧同样是一位"听"众，也许喜欢与老板直接对话进行讨论，如果他是一位"读"者，不喜欢采用这种方式，他就会感到颇有压力，尤其是如果你是连续第四位这样向他进行陈述的人。他喜欢在安静的环境中通过阅读来进行思考，于是他会要求你做成文档再交给他。然后，你就会想："要打印、装订，太麻烦了，就不能有一次痛快决定吗？"你应该搭建起与老板传递信息的桥梁。但要注意，如果双方都是"读"者，喜欢用书面沟通，那你一定要避免由此造成与老板面对面的机会过少的情况出现。我记得有一位经理，尽管他和老板的办公室处在同一楼层而且相隔不远，两人却几乎只通过电子邮件交流，原因是双方都是出色的"读"者。要记住，不与老板碰面，是你的损失，不是他的。

第15章 处理上级施加的过重负担

如果不够强大，那就运用智谋。

——孙子（中国军事战略家）

上一章讲的是如何让上级认识到你的贡献，从而可以在他心目中的经理人排名中位列前茅。但是在与上级的合作中，如果他向你提出了过高要求或含混不清的任务，你如何应对也是非常重要的。很多中层领导者哀叹："上级每年提高我的业绩指标。我的员工已经不堪重负了，真不知道接下来该怎么办。""又要搞重组。我的部门既要裁员还要缩减预算。搞得我的员工士气低落还不算，现在还给了我们一个在我看来完全没有意义的任务。"

不断提升的目标本来就是市场经济行为的一个特点，因此从根本上来讲，你身为中层领导者就无法回避，也不能带有排斥心理。但在某些情况下，你应该合理利用自我保护的技巧。本章讲述在碰到以下情况时你应该如何处理。

- 分配给你的目标不够明确。
- 用来达成目标的预算或时间非常有限。

- 在紧急情况下需要做出决定时，上级没有回应。
- 上级分配的任务在你看来毫无意义。

空泛的目标和评价标准

大多数经理通常都会在与上级进行年度谈话时确定下一年的工作目标。遗憾的是，这些目标往往过于空泛。即使公司没有明文规定要通过年度谈话确定工作目标，可上级内心里很可能对你抱有一定的期待。这些期待往往没有明确表达出来，或者根本就没有沟通过。于是，你是否满足了他的期待，是否达到了他设定的成功标准，只好全凭他掌握了，而在年终，他就会在这样的基础上对你做出评价。一定要避免发生这样的事情。

与上级交流，弄清楚他对你的期待，以便能够相应地做出积极应对。如果他的期望过高，最好能在年初的时候就向他说清楚，并用一个有理有据的计划表清楚地表明你认为什么样的目标是更为合理的。这样做比在年末去解释没有达到他的期望的原因，效果要好多了。换句话说，要在年初时给你的考核定下客观的衡量标准。双方共同形成一个或多个按照 SMART 原则设定的目标。

想要确立正确的目标，需要你提出正确的问题。不单是针对年度目标而言，还包括上级在一年当中委托给你的大型项目或任务，都是如此。很多经理从谈话中获得的都是模棱两可的指示。

现实中，事情往往是这样的：某位高层领导者在一次谈话中交给中层经理一个新项目，但中层经理并没搞清楚上级到底想要什么。由于不想给上级造成自己理解力低下的印象，所以到某一特定问题之后他就不再继续追问了。他认为自己的理解八九不离十，于是开始着手工作，然后迅速地向高层展示成果。这时他们发现，双方在谈话时存在一个误会，所以建立在此基础上的工作全都白费了，一切都需要从头再来。另一个让中层领导者停止追问的理由是，他觉得高层领导自己都还有点迷茫，一旦自己有针对性地提出了相关问题，高层领导的这种茫然就明白无疑地显现出来。在注意到高层领导无法思路清晰地回答问题时，为了保全老板的颜面，于是他就到此为止了。

无论你是由于没有理解老板的需求，还是老板自己尚处于迷茫之中，都要坚持继续挖掘。先把老板的要求搞清楚，这是非常重要的，只有这样，你才能依照这个问题的定义来确定自己的目标。而没有明确的目标，吃亏的是你自己！无用功会浪费你的时间和资源。所以，一定要态度诚恳、刨根问底。从所有这些信息中提取出一个可以用来对你进行评价的清晰的目标。以书面形式或电子邮件与老板就此目标再次进行确认。这样做至少也可以揭示出那些尚未明了的误会。在有些公司，所有的任务下达都需要双方的签字确认。在获得清晰的目标前，不要急于开展工作！

下面这个来自实际生活的例子告诉我们，带着勇气和恒心不断追问，形成清晰明确的目标，可以带来哪些好处。

一位董事会成员要求立即与市场营销部门的经理见面。这位董事明显带着怒气，一见面就来了个演讲，内容是，目前的企业标识已经过于陈旧，不再符合企业的发展，需要立即更新。营销部经理的任务是，在未来几周内设计出一个全新的企业标识。由于这位董事还有其他的会议，会面很快就结束了。鉴于他怒气冲冲这个事实，营销部经理也就没有进行更加详细的追问。对于他提出的最后一个问题，这个任务的目的到底是什么，那位董事给出了如下的回答："我已经讲过了，目标是要形成一个全新的企业标识。"

这个答案不能当作目标。你此前已经了解，目标应该具有SMART特征，也就是具体明确、可衡量性、可实现性、现实相关性和时限性。此外，目标描述的应该是一个结果而非一个过程。上文提到的目标则恰恰相反，既不具体，又难以衡量，而且它还是一个过程而非结果。

有些经理不管三七二十一，即使没有明确具体的目标，也马上召集人手，立即着手制定全新的企业标识。毕竟，这是董事亲自分派的任务。而这位经理成熟老练，在目标未明的情况下他坚决按兵不动。他深知，缺少依照SMART原则建立的目标，所有的工作都只是浪费时间。

这位经理也深知，企业标识是一个宽泛的概念，内容包括企业设计、企业传播、企业行为、企业观和企业文化？难道这位董事认为所有的内容都过时了，都要彻底地更新？若如此，整个工作恐怕需要一年时间。对内部而言，企业标识是一种形象展示，除此之外，还有企业形象这一概念，而它是一种对外的形象展示。那位董事到底是因何动怒？他决定，要与董事进行第二次讨论。

第二次见面时，营销部经理以诚恳的态度进行了有针对性的追问，于是他明白了，这位董事对企业标识的含义一窍不通。他最终发现，董事生气只是因为对企业宣传的小册子有些不满。而更具体地说，他认为小册子的内容尽管很好，但让他烦恼的是，宣传册中一张他的照片过于陈旧了！通过这样坚持不懈地挖掘，营销部经理最后确立的目标是："12 月 31 日前，更新企业宣传册中所有的员工照片。"他以最小的代价完成了一个目标。我们再来比较一下开始时的那个目标：做出全新的企业标识。

这个例子的含义在于：目标不明确，切勿轻举妄动。弄清楚自己的任务及由此制定的目标是对你进行绩效考核的关键所在。要想对老板进行仔细的“盘查”，你需要敏锐、坚韧，有时还需要具备勇气，但这肯定都是值得的。一方面你可以了解老板对你隐含的期待，一旦明白了老板看重什么，你就会更容易满足他们的期待，甚至取得超过他们期待的结果。另一方面这样也可以避免员工做大量的无用功，而你可以利用那些节省出的资源进行更为优化的配置。

时间太短或预算太少

我们假设以下的情景，老板把你叫到跟前，对你说：“太好了，你来了。我有个工作交给你。”然后，他讲述了一个复杂的项目，并要求你的团队予以实施。你询问时间期限和预算的问题，得到的答复是：“3 个月完成，没有预算。这完全属于你的正常工作范围。你现在做的不就是这类事情吗？我知道，你是值得信赖的。”接下来，他开始埋头处理文件，而这就表示谈话已经结束了。你已经头大了：“该怎么做呢？这么短的时间。”

大多数经理此时此刻会如何反应？一些人会情绪低落地离开老板的办公室，因为他们知道，要想完成任务，只有加班加点地工作。即使如此，也没有把握一定可以完成任务。另一些人会马上抗议：“老板，这不行吧。这个项目短时间内无法完成，何况还没有预算。穆勒女士离开后，我们本来就已经负担过重了。”老板通常会如何回应呢？他会说：“请你不要讲什么负担过重。每个人都有很多工作要做。不要那么悲观。我相信你一定能完成任务。”这种争辩起到什么作用了吗？完全没有，只会让老板觉得你过于悲观。

有效的自卫方式与此不同。首先，要听取老板的要求。当你知道自己难以满足他的期望后，你可以这样说："好的，我会考虑一下如何运作，做出计划后，再和你沟通，可以吗？"然后，静下心来计算一下项目所需的时间消耗和成本消耗。把你的计算一目了然、明晰准确地呈现在一张纸上，并再次去找老板。高层领导者喜欢把东西总结在一张纸上！现在，可以与他就你的计算进行沟通了。

当然，他肯定不会完全依照你的计算来减轻你的负担，但这样做所取得的结果往往明显好于老板之前的粗略估计。老板提出的要求通常有点心血来潮，他感觉 3 个月已经是很长一段时间了，任务一定可以完成。领导往往对任务的复杂性缺乏清晰的认识。

关于这一点，在现实中有一个有趣的现象非常值得注意。假设你和员工估计完成某项任务需要 10 个完整的工作日（一个完整工作日意味着某人在一天之中从早到晚专注于此项工作，不受任何其他项目干扰）。现在，将一个复杂工作拆分为若干项，然后与你的团队一起估算每项工作所需要的时间及时间总和。凭经验来说，其结果总是会超过之前估算的 10 个工作日。由此可见，不要与领导讨论估算出的整个任务所需时间，要在笔头上计算出每项细分工作所需的时间，然后列在纸上拿去与他讨论。清晰明确、无可辩驳的论点比笼统模糊的说法更容易被老板接受。你可以按照下面的步骤简单地制作估算表。

第一步：将复杂的任务拆分

思考一下，完成任务需要多少个完整工作日。如果不太了解某项工作的具体消耗，可以向员工中这方面的专家或公司内相关部门寻求意见。他们通常对此有更为准确的认识。

第二步：制订时间计划

从时间计划中提炼出完成任务所需要的实际时间。计算所需时间时，要注意以下几个方面：

- 有几名员工可以投入这个项目？
- 这些员工每天可以为此工作多长时间？
- 还有哪些其他的重要工作无法推迟，需要同时进行？
- 将要负责此任务的人员事先有没有申请在项目期间休假？

假设老板分配给你和你的团队一个任务，要求在 5 周之内完成。你或某位专家认为，完成这个任务需要 10 个完整的工作日。只有一位具备所需知识的女员工能承担这项工作。向她询问后得知，鉴于手头的工作，她每天最多只能用 1/4 的工作时间来处理这个任务，而且前提是不能再给她增加其他重要的任务。这样算来，所需时间已经变成了 40 天。员工周末要休息，40 个工作日就成了 8 周。你们看了一眼日历，发现在此期间还要举行一个大型活动，也需要这位员工的参与，这会耗费她一周的时间，此外，她还申请了一周的假期去旅游。算上这两周的话，你所计算出的 10 个专属工作日完成的任务，实际的实施时间变成了 10 周，也就是 70 天。

粗略计算如下。

任务×由迈尔女士负责：

10 个完整工作日 ×4 （每天只有 1/4 的工作时间）= 40 个工作日

40 个工作日 +5 个活动日 +5 天旅行假期 = 50 个工作日

50 个工作日 = 10 周

现在，你就可以有理有据地向领导陈述，为什么你会对他提出的 5 周完成工作的要求持有异议。如果能够说明，除了此项任务员工还参与了哪些其他项目，以及 1/4 工作时间比例的合理性，那么他会明白为什么不能在 5 周内完成任务。

第三步：为老板提供解决方案

向老板展示你的估算后，不要让他觉得被逼入了绝境，否则他会利用等级权力使出“排除万难，必须完成”这一招。如果可能的话，要提供 3 个解决方案。只有在面对 3 个选择时，老板才会感觉真的可以自由地做出选择。只有一个方案会让他感受到不得不选的压力，两个方案会让他觉得进退两难。其实只要稍加思索，就可以至少找到 3 个解决方案。

而对我们上面提到的例子，你就可以考虑如何在这个任务上给迈尔女士提供帮助，或者减轻她手头上其他某个任务的负担。

方案 1：可以让施密特女士给迈尔女士帮忙。这样的话，她就可以赶在大型活动和休假之前完成工作。这会为我们节省 4 周时间。

方案 2：这部分任务，我们可以和一家中介公司合作完成。但这仍需要 5 周的时间。

方案 3：我们需要延长到 10 周。这样可以在不增加人员和成本的情况下完成任务。

你一定会吃惊地看到，那个曾经如此“紧急”的任务在面对你所列出的额外的人力和成本支出时，迅速地变为了“不那么紧急”的任务。如果老板采纳了你的建议，也许允许你延长到 8 周。通常老板不会同意完全按照你的愿望延长到 10 周，但对你而言，8 周已经比 5 周强多了。

老板没有做出必要的决定

下面的情景，你是否感觉似曾相识？你正承受着时间压力忙于一个重要项目，在某一时刻，你需要高层领导做出一个决定，并且要取得他的签字确认。你请求老板尽快回复，以便能够继续推进。可结果呢？毫无结果！你像热锅上的蚂蚁，他却稳如泰山。这真让人抓狂。没有做出决定的原因通常是老板没有获得足够的信息，或者得到了太多零散的信息。如果出现了上述两种情况，你就要尽量让信息简单明了、一目了然。应该养成制作清晰的决策矩阵的习惯。在这些矩阵中，陈列出所有可能的选择，也包括不做决定会造成的后果。要明确地指出每种可能性在质量、成本和时间这 3 个指标下会产生的影响。下面举一个例子。

公司决定参加一个重要的展会，你团队的成就会出现在展厅的中央位置。为了有效地向业界人士展示自己的成绩，你特意亲自处理布展的设计。现在，你需要在两个布展商之间做出选择。布展商甲的价格比乙更有优势，但是创意上稍显逊色。布展商乙提出了很多令人兴奋的建议，但总体价格要高出近 20%。由于没有相应的预算决策权，于是你去请求负责的经理，以获得追加预算的许可，执行布展商乙的方案。没有他的签字，你就无法确定委托合同，也就不能进行下面的工作。为了尽快得到答复，你制作了下面的决策矩阵，如表 15.1 所示。

表 15.1 决策矩阵

决定	质量	成本	时间
选择布展商甲	中规中矩的标准设计；不会令人感到不快，但也缺乏独特个性（见样图）	5.6 万欧元（1.6 万欧元展位租金 + 4 万欧元展台布置）	无影响
选择布展商乙	融入多媒体功能；我们的形象纪录片在集成屏幕墙上不间断轮播；创造性的灯光使用；一体化的休息室，为观影观众服务（见样图）	6.7 万欧元（1.6 万欧元展位租金 + 5.1 万欧元展台布置）	无影响

续表

决　定	质　量	成　本	时　间
在 2 月 28 日前未做决定	布展时间不足，取消参展计划	• 1.6 万欧元展位租金 • 将会失去参展可以带来的价值 30 万欧元的合同 • 在客户和同行中形象受损	无法参展
推荐：任务委托给布展商乙。尽管造成 20%的额外成本，但会带来显著效果，并使我们公司显得卓然不群。越早做出决定，就越有利于我们用更多时间对布展细节进行研究。			

决策矩阵有助于快速做出决定。如果决策者缺乏信息，就无法做出明智选择，于是决定就会不断推迟。在上面的例子中，握有预算控制权的经理如果没有看到这个决策矩阵，只凭借候选公司的宣传单来进行选择，一定会举棋不定。他只会看到一个摘要，上面写着布展商乙需要多花费 1.1 万欧元，所以效果应该更好。在遇到复杂问题时，制定出简化的决策矩阵同样极具意义，它可以避免向决策者灌输太多信息。决策矩阵可以提示重点问题，简化决策过程。对于那些喜欢寻根究底的老板，你可以在一张纸上做出一目了然的决策矩阵，然后再添加附件，提供更多的信息或数据，以及你的一些决策意见。在时间紧迫的情况下，要习惯于在决策矩阵中陈列出不做决定的后果。这样，你就会发现，很快就可以得到回应了。

毫无意义的项目

老板让你去执行一个任务，而这个任务在你看来纯属浪费时间。你从以往的经验得知，人们对此项目的兴趣就是几分钟的热度。那么，你该怎么办呢？如果什么都不做，万一老板心血来潮问起来，恐怕会给你造成很大的不便。但是，为这个你认为毫无意义的项目投入精力又难免不心甘情愿。当然，你也可以在布置任务的时候对领导说出自己的想法，但这会有用吗？领导难道会懊恼地承认自己有点异想天开、脑筋短路吗？答案是显而易见的。没有人愿意丢面子。更妥当的做法是，大致计算一下这个项目会带来哪些成本支出，然后客气地把结果告诉领导或那个给你布置工作的人。如果对方听说你手下的员工需要两周时间来处理这项工作，他就可以在不必承认自己错误的前提下收回自己的要求："花费比我估计的多一些。那再等等吧。紧急的时候，我再和你说。"把这段话翻译一下，意思就是："那好吧，算啦。"如果领导仍然坚持执行该项目，如果你正同时管理着多个项目，可以请求他确定出优先顺序。要让他知道，除日常工作外，你的部门还承担着哪些项目，并请求他决定如何分配工作时间，哪些工作可以推迟，以及如何获得更多的预算。领导或者决定将一个项目推迟，或者认为正在进行的项目更为重要，于是暂时搁置自己的想法。总之，对你而言这都相当于减轻了负担。

由政治因素产生的自上而下的项目或任务，很可能在一段时间之后销声匿迹。对于这类工作，项目管理专家图穆切特建议将其归为待命项目，用这样的方法来进行自我防卫。先启动项目，进行到有一个雏形时，就可以将其暂时搁置了。你已经完成了第一步。如果项目被人遗忘，你并没有投入过多时间。如果某人突然记起了，并追问其进度，你可以拿出抽屉中的草案，理直气壮地告诉对方已经开始了相关工作。如果事与愿违，老板确实记得这个项目，并且检查了你的工作，那么你就再向前推进一步，然后再把它束之高阁。投入有限的时间，形成的材料不需要格外细致。但是，如果老板第二次追问，那你就要想一想了，这个项目对于老板来说，也许比你想象的更具价值。其实，在大多数情况下，你的第一个感觉都是正确的，未来你并不会再为此项目费心的。

第 16 章 应对性格极端的上级

无须去讽刺某些领导。坏事自然传千里。

——罗伯特·诺依曼（奥地利作家）

如果你的上级很难对付，是个狂躁症患者、事无巨细的控制狂，或者有其他什么极端性格，你每天都在思考如何应对他。面对这样的上级，你该如何与之相处？答案是“你可以的”！想要做到这一点，需要注意两个方面：第一，对老板要有正确的态度（见第 4 篇第 13 章）；第二，要能够采用正确的策略。本章要讲的就是正确的策略。我们首先探讨一下上级可能表现出的各种极端性格——他们往往会同时具有其中的多个特点。然后，针对每种极端性格，我会列出 3 个最为重要的应对规则。将各种提到的方法融会贯通，你就可以帮助自己形成独特的策略，并能够做到在不同情况下随机应变。

在现实中，你所观察到的极端性格，绝大多数可归于以下 5 个类型中的一个或多个。当然，下面的陈述无法涵盖所有极端的行为模式，但它可以为你提供一种方法，你可以从这 5 个方面检验自己与上级的关系，因为这些正是最容易产生对立和冲突的地方。本章最后是一个小测试，其内容是，身为领导者你如何评价自己的行为，以及你如何看待自己的上级。在上级表现出某种极端行为的时候，如果你采用针锋相对的方式，往往会造成持续的冲突。要想削弱这一冲突，其中一方就需要做出妥协。通过成为妥协者，你就能对双方关系产生积极的影响。如果你和上级具有完全不同的性格特点，他的做法很可能让你感觉不快。在这里，首先要记住的一个规则就是，不要认为他在针对自己！他的行为与你个人没有任何关系。面对任何人，他一概如此。缺乏时间观念的人会让每个人等待，控制狂会给所有人一步步的指示并严加管控。

接下来，我们分别观察这 5 个冲突源，这里所描写的都是各种情况下的极端性格。

工作方法

每位领导都有自己的独特工作方法。拥有良好自我管理能力的人，往往可以轻而易举地规划自己部门的框架和流程，并使之最优化。这样有助于在部门内达成共识，并提升员工的安全感，如图 16.1 所示。但如果领导缺乏工作方法，而且没有建立框架和流程能力，或者表现得超过了限度，会发生什么呢？

拖沓大王 ←——→ 工作方法 / 框架 ←——→ 控制狂

图 16.1　工作方法的极端情况

拖沓大王

有位经理说：“我的领导要把我搞疯了。别人都觉得我的部门拖后腿、没效率。你知道为什么吗？我交给领导的东西，在他办公桌上放了 3 周之后才返还给我。于是我就要想办法弥补失去的时间。”你的领导是否也如此，缺乏工作方法和自我管理能力？散漫无序的人很少遵守时间约定。他可能忘记约定，或者就是没法守时。“等待领导”成为你工作内容中重要的组成部分，无论是等待他本人、重要的信息，还是他的决定或签字。你的领导的头脑中没有整体框架，即使有，他也无法保证遵守这个框架。如果他能够做出一些改善，就会明显地减轻你在日常工作中的负担。各种突击性的工作任务和随之而来的着急上火也会大大减少。

应对之道

1. 帮助领导更好地管理自己和公司

如果你的领导是一位拖沓大王，这对你来说其实是一个机会。如果你掌握良好的工作方法，就可以成为他的重要资源。要对他进行管理，而不要失去主动，也不要因此时常感到郁闷。要帮助他建立框架并及时完成工作。你拥有的能力是他需要的，而且可以帮助他达成自己的目标。对你来说，这是一大利好！

2. 友好而坚定

要不断给他提示。如果他答应周一给你什么东西就不要等到周二或周三才用苦恼的声调对他说：“你说过周一把×文件给我的。”而是，你应该在周一中午的时候愉快地提醒他：“你还记得吗？你说今天要把×文件给我的。”可以反复询问，但极限是不要把他惹恼，要做到友好而坚定。要证明你有耐力坚持不懈。大多数拖沓的领导无法完全摆脱这一特征，但是其症状是可以得到改善的。总会有那么一刻，他意识到，只要是答应了的事情，你就会一再追问，毫不妥协。那么，相比与其他人的约定，他会在你面前表现得更加守时。

3. 设定底线

假如他又一次错过了期限，直到很晚才把工作交到你手上，导致你需要加班加点去弥补，那么你可以表示拒绝。告诉他晚上已经有了计划，然后转身离开。讲这些话的时候要态度友善而坚决。令人惊奇的是，那些拖沓的老板虽然对于设定底线的行为普遍颇感震惊，但通常不会发作。因为他们知道，自己对造成这样的局面负有责任。如果你总是做出牺牲，为他收拾残局，那么他的散漫无序就不会有任何改变。要让你的领导知道，你的态度并非针对他个人，在这样的前提下，设定底线经常可以取得良好的效果。

控制狂

“把这个给我，我再仔细看一下。”老板这样对你说，同时拿走了你的材料。作为控制狂，他拥有一成不变的工作方法，并视完美主义为自己最大的优点。设定框架和流程仿佛成了他的个人爱好。你不再是他达成目标的手段，而成为目标本身。他迷恋数字，乐于计较琐事。例如，在计算费用时，不厌其烦算出小数点后第三位数。他从来没有想过要放权委托他人并赋予其自主的处置权。相反，他更愿意针对每个细节做出明确的指示，因为他相信，没人比他知道得更多。而且，为了加深你仿佛被当作小学生看待的感觉，他还会对执行情况实施监控。对细节的过分关注往往会造成他失去对整体的把握。

应对之道

1. 先认可领导所说的

你是否曾经尝试说服一个控制狂，让他明白他的做法和思维方式是行不通的？如果有过，你就应该知道这真是难如登天。因此，要积极地理解他的本意，首先认可他所说的，然后再提出你的想法。这就好像“对的，但是……”这个句式中，省略掉的“但是”后面的部分。不要对他讲“如果我们一直如此细致地关注过程，会浪费很多时间”。而要说：“从质量管理的角度来说，重视建立精确的流程控制，这个看法是完全正确的。（停顿）而我想到的问题是，在时间进程上，我们怎么能更好地把握呢？”

2. 建立信任

控制狂重视精确和按部就班。如果你的工作方法给人的印象就是马马虎虎，难免会得到他的更多关注。尽量减少形式上的错误，遵守他的（有时有些可笑的）规定和流程，避免对此提出异议。观察什么对他而言是尤为重要的。不要让他着急。行动前要知会他，包括重要和不重要的信息，千万不要等到他来追问。他需要那种一切尽在掌握中的感觉。那么，你就给他这样的感觉。随着时间流逝，他慢慢就会放松对你的控制了。

3. 去承担那些你可以自主管理的工作

每个控制狂都会有他热衷控制的领域。你可以主动去承担那些他缺乏兴趣或者不擅长的工作。如果之前你们已经建立起了信任，那他在这些领域就会给你更多的自主空间。

专业知识

每位领导都需要具备自己所管理部门的相关专业知识。获得提升的通常是部门中那个最善于利用专业知识解决问题的人。他们成为领导后，就必须将更多精力投入管理工作中，专业知识的应用不可避免地就会相应减少，如图 16.2 所示。如果他们的专业知识随时间流逝退化殆尽了怎么办？又或者，你碰到了一位领导，他所关注的重点永远是成为专业知识领域的领头羊，你又该怎么办呢？

图 16.2　领导的专业知识变化

无知的笨蛋

一位经理说："我的领导根本不知道我们这里是干什么的。我总会看到他迷茫的样子，根本不懂我到底在说什么。更可悲的是，他总是不顾我的警告，做出让人抓狂的决定。"缺乏专业知识的领导要么不再有兴趣在工作中继续升迁（如在退休前），要么就是被安排挂了闲职。由于不能将他们辞退，所以公司把他们安排到那些不会造成任何损害的岗位上，遗憾的是，即使在这些岗位上，他们依然缺乏相应的专业知识。一方面，由于对业务并不精通，他们也许乐于接受别人的观点。另一方面，他们也不希望自己成为傀儡，一味听从别人的观点。所以，有时候他们会违背你的合理建议，做出在你看来毫无理智的完全不可理解的决定。原因只有一个，他们就是要向你展示，他才是真正的领导。

应对之道

1. 让领导获得决策者的感觉

你的领导知之甚少，对这一点，他自己也心知肚明。这令他感觉有点无所适从，却并不喜欢这样的感觉，于是，他要时不时地展现一下自己的领导地位。最好的应对方法是让他感觉自己是做出决定的人。把精心准备的决策文档上交给他，但要保证一个前提，就是他能够按照这个文档做出正确的选择。精练地总结出所有重要信息，使他明白自己在做出什么决定。

2. 避免让领导参与某些决定

独自做出决定。面对一位无知的领导意味着你作为部门经理要承担更多的责任，并进行更多的独立决策。如果必须向他汇报，尽量找个机会随口告知一下："你在柏林期间，我把×事情处理了。方案……明显是更好的选择。我是按照你的态度来决定的。"

3．永远不要让领导出丑

如果领导的观点或决定恰恰暴露了他的无知，你不要有任何表示，翻白眼或撇嘴唇会泄露出你的情绪。更为重要的是，永远不要让领导在同事面前丢脸！他会因此对你产生忌恨，并寻找机会给你难堪。在这件事情上，你是对是错已经完全失去意义了。要让他能够乐于接受你的观点、异议或不同意见，而且还要让他感觉接受你的意见恰恰彰显了他的睿智。

吹毛求疵的人

"你的建议很好，但是根据我的经验，这……"你的领导是否喜欢这样开始陈述他的观点？与无知的人相反，吹毛求疵的人掌握了太多的专业知识。他花费大量时间，只为保持专业知识第一的地位，并且他还为自己掌握的知识深感骄傲。由于领导不一定能在管理能力上体现出过人之处，所以，让别人知道他专业知识深厚就显得更为重要了。这样的领导往往不愿意将充满挑战的任务委托给他人。对比控制狂看重过程与形式，吹毛求疵的人更加追求专业。他总会在你负责的项目的一些细节问题上指手画脚，而一旦他追求展现自己的丰富知识，对别人统统不屑一顾，那就会使事情变得更为复杂。有些时候他会忘记，正是通过参加实际工作，别人已经积累了大量的专业知识和实践经验。

应对之道

1．让他感觉自己是最聪明的人

吹毛求疵的人希望成为最聪明的那个人。为获得这样的声誉他会乐于投入大量的时间。你就去满足他的这个愿望，对他的知识掌握程度发出感慨，给予他恰如其分的尊重。吹毛求疵的人喜欢别人向他寻求建议，特别是在面对疑难的专业问题时，务必要请他参与意见，并对此表示感谢："非常感谢！有问题总可以向你请教，真是太好了。"

2. 展现自己的专业能力，但避免制造竞争气氛

由于吹毛求疵者自视为专家，他往往只愿意接纳掌握同样的专业知识的人。他与那些具有类似特征的员工总是有着特别亲近的关系。这就好比有共同爱好的两人乐于攀谈一样。因此，你也要掌握良好的专业技能，并且偶尔在谈话中展现一下自己的专业知识，否则就会很难获得他的认可。你也可以时不时地以自己的专业新知识给他一个惊喜。用这种方法来向他表示，你是站在专业知识前沿的。但要小心，不能让他感觉你自认为比他更加优秀。否则，无异于向他宣战。

3. 填补管理真空

追求专业知识的领导，缺少在管理方面的时间投入。员工谈话、个人发展和目标设定往往会被视为令人烦恼的工作，通常是走个过场，或者完全被忽略。作为他的下属，并且同样属于领导层，你就要在一定程度上去填补这一真空。面对手下的员工，你可以更好地完成这些管理工作。而在面对上级领导时，你要记得表功。

对变革的热情

除真正的领导工作外，中层领导者还会在行政和组织事务上花费大量时间。此外，他们还需要不断适应自己领域的发展，如果能够以最快的速度掌握这些新知识就更好了。例如，他们就可以更好地满足客户的需求，或者更能使内部工作流程最优化。进行这些或大或小的变革，需要他们付出额外的精力和时间，如图 16.3 所示。如果上级领导不愿意为这些事情花费精力，或者不断迸发出创新的灵感，你该怎么办？

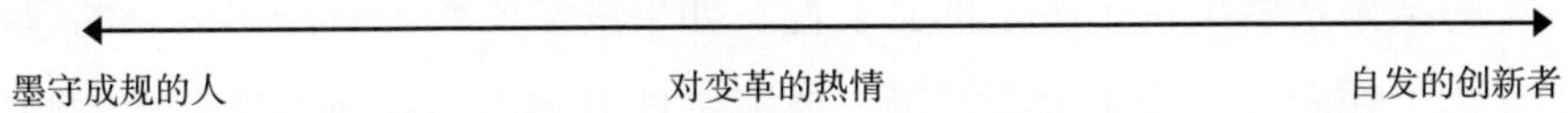

图 16.3　领导对变革的态度

墨守成规的人

“这真的有必要吗？”你的上级是否总是提出这样的问题。墨守成规的人认为：“就这样挺好的。”人们至少还能掌握目前的状况，即使出现了问题，也能够及时认清并多多少少地知道如何加以解决。你的上级领导完全搞不懂，为什么人们无法看到保持现状的好处，变革总是意味着风险。因此，他害怕做出变革的决定恰似魔鬼对圣水的恐惧。他需要就此花费大量的时间进行思考，因此，对于做出决定，他往往一拖再拖，就这样，有时候出现的问题就不治自愈了。墨守成规的人正可以依赖于此，因为，这样的话，在很多情况下问题就不了了之了。为了维护自己的声誉，上级领导总会找到各种冠冕堂皇的理由为自己的固执进行辩护。只有在面对上级的强大压力时，他才会真正进行变革。即使如此，他也会考虑尽量避免触碰传统的东西。

应对之道

1. 澄清存在的风险

墨守成规这一行为往往源于恐惧和不安。与变革后产生的结果相比，如果能让他对维持现状的结果产生更大的恐惧，他就会真心地愿意做出变革。要向他澄清，不作为会造成哪些致命后果，描述出固执守旧会带来的巨大风险。

2. 提供决策文档

守旧的人不喜欢做出决定，因为这对他来说是一件非常困难的事情。你要想办法把它变得简单易行。准备好决策文档，在其中清楚地列明各种决定会产生的结果及做出这个决定的必要性。如果决策文档没有给出清晰的建议，那就不会为守旧的人带来太大帮助。要清楚地表现出你在所有选项中的倾向。墨守成规的人，即使在决策之后仍然会心怀不安，总是担心自己进行了错误的选择。决策之后，你同样应该向他保证此决定的必要性和正确性。

3. 给领导提供安全感

墨守成规的人缺乏足够的安全感。因此，你要表现得平静而谨慎。让他知道你已经做了全面的思考。永远不要表现得像一个革命者，要对现状给予积极评价。要说明的正是需要进行哪些改进来维持现状！要按照他的语言特点来进行陈述。在提出观点时使用“风险最小化”“安全”“保障”这样的字眼。从他的情感上来说，这些词汇像“假期”“微笑”“阳光”一样令他们觉得安全。避免使用“趋势”“变革”“机遇”，因为在他听来，这就仿佛“疾病”“危机”“不幸”。

自发的创新者

“我有一个主意。”领导冲到你的办公室时，是不是总是这句话。自发的创新者充满变革的热情。如果说墨守成规者仿佛紧拉手刹，那么自发的创新者就好比死踩油门。灵感的火花四处飞溅，一个火花闪过，就诞生了一个新的主意。这些火花的消逝，也不会给他造成任何困扰。作为下属，你永远无法预测每个火花最终会产生怎样的结果，是在公司中不声不响地熄灭，还是燃起熊熊大火？无论哪种情况，充满创新欲望的领导总是乐于动员各方力量行动起来，这个主意还没有取得显著效果，马上又产生了另一个点子。他乐于调动众人之力。一旦他离开你的办公室，你的部门便仿佛成了一片宁静的绿洲。

应对之道

1. 表现得饶有兴趣

毫无疑问，自发的创新类型的上级领导有时会成为对你的考验。由于失去了兴趣，他交给你的上一个项目便停止了下来。如今，他再次不期而至，和你分享他的灵光乍现，并开始布置任务，而这会使你手头的项目陷入紧张。这时，不要马上心怀不满地发表批评的意见从而使得老板看出你有拒绝之意。只有墨守成规的守旧者才会拒绝改变，他可不喜欢这样。你应该说："这主意挺吸引人的。"同时完整地听取他的观点。自发的创新者乐于将他的主意分享给热情的倾听者，因为这会令他感到愉快。

2. 冷静观察

你可以满怀兴致、热情洋溢地倾听，但不要去承担相关的工作。如果他想给你分配任务，就向他说明，目前你正在处理哪些重要的工作。友好而坚定地告诉他，如果停下手头的工作会造成怎样的后果，并明确地说出自己的决定。紧接着要说："我希望先把这个工作做完，同时，我可以对于你的主意进行更多的思考。"然后，看看这个火花能够持续几天。如果不久便消失了，你就节省了时间。一旦确实形成燎原之势，那么你可以与领导进行更多的讨论。

3. 加入更多灵感

自发的创新者有时会带来绝妙的主意，有时会带来疯狂的念头。身为中层领导者，你要为上级领导提供帮助。如果你认为某个主意确实绝妙，那么整装待发，帮助上级领导推动它实现，表现出你的勤奋和热情。自发的创新者热爱同路人，你正可以用这样的方法获得他的认可。如果某个主意在你看来不切实际，那么你可以等一等，看它是否会慢慢熄灭。假如没有熄灭，那么在目前所有项目的背景下，谨慎地帮助上级领导为他的这个主意进行定位。

对自身情绪的控制

在对员工进行领导的过程中，上级表现出的不仅是自己的领导技巧，还会带有强烈的性格烙印。要想成为值得信赖的领导，就必须表现出真诚和真实，其中也包括对自身情绪的掌控。只有能够妥善管理自己情绪的领导才会被视为值得信赖的和性情稳定的，不会令人觉得难以相处。关键在于掌握尺度，某些情况下要表露自己的情绪，另一些时候要能够理智地进行控制，如图 16.4 所示。如果领导从不表露自己的情绪，或者缺乏自控能力，你该怎么办？

←——————————————————→

冰块先生　　对自身情绪的控制　　狂躁症患者

图 16.4　领导对自身情绪控制能力的分类

冰块先生

一位部门经理说："领导刚才在什么地方，大家一猜就能猜到，因为他所到之处禁止说笑。他觉得在办公室说笑会给客户留下不好的印象，所以明令禁止，挺难以想象吧。想要借庆祝生日喝杯香槟或吃块蛋糕也不被允许。"这真的完全不负"冰块先生"的美名。他一进办公室，别人会明显感觉到温度下降。"冰块先生"会用尽一切手段避免感情外露，无论是正面的还是负面的情绪。对此，他从根本上怀有排斥心理。在困境中能够自持、冷静，这可以算作优点。但在人生的美好时刻仍然不苟言笑，那就该算作缺点了。在应该表达感情的时刻，他会显得冷酷麻木。如果别人在他面前流露感情，他也会将其视为反应过度，并继续以冷漠应对，有时甚至带有轻蔑的态度。他的口头禅就是："我们到这里是来工作的。"

应对之道

1. 保持距离

美国的爱情电影中经常会出现这样的“冰块先生”。造成冷漠外表的原因深藏于他的成长经历中。在缺乏专业帮助的情况下，没有人能够让他敞开心扉。面对“冰块先生”，同样也会无能为力。所以要接受现实，他就是这样的一个人。在辩论的时候，要尽量摆事实，不要添加个人情感。这就是和“冰块先生”的相处之道。

2. 友好相待

“冰块先生”同样具有感情，只不过他将它压抑在心中。尽管如此，面对他人的关怀，他一样会暗暗欢喜。他善于捕捉微小的善意，尽管通常都不会对此有所表示。水滴石穿，一旦你增加了对他的了解，并且能够发自内心地接纳他，你就会认识到他是如何以低调的方式来展现对他人的好感的。

3. 积极寻求回应

相比赞美他人，“冰块先生”更喜欢批评。赞美意味着他需要流露笑意，展示人性的温暖，这令他觉得勉为其难。由于通常很难看透他的想法，所以，有时你应该单刀直入地询问他对你工作的评价。如果他的回答太过泛泛，你就要追问具体是哪些地方令他满意。这样的方式可以帮助你更好地了解他本人及他对你的看法。

狂躁症患者

德国历史上最成功的广告之一，就是 HB 牌香烟在 20 世纪 60 年代所用的 HB 小男人的卡通形象。这个人物的典型特征就是在每集的卡通片中发狂、上蹿下跳。广告短片展现了一个典型的狂躁症患者。大脑充血、愤怒的情感通过语言喷发出来。狂躁症患者喜欢通过激烈的呐喊宣泄自己的压力。你的领导是不是一位 HB 小男人？他会不会经常激动？在高层领导面前尚能保持矜持，但转身之间就能强烈爆发。起因根本无关紧要，一旦导火索出现，一丁点儿火星就足以使他爆发。

应对之道

1. 保持安静

HB 小男人的咆哮通常不是针对你的，心理学家称之为“迁怒”。他是因为自己的上级才产生了怒气，但不能对上级爆发，于是抓住某个小事借机对你发泄。如果针锋相对，只会使情况更为恶化，你完全没有机会取胜。咆哮正是他的核心能力，他不会允许你占得上风。如果示弱，同样不会取得积极的效果，因为这样你就不再是他的对手，而成了牺牲品。要保持安静和镇定，目光直视，如果向下看，就成了忏悔者的态度。最重要的原则是，要认识到他的攻击不是针对你个人的。我知道这很难做到，无论如何，你也要努力尝试这样想。争论通常不会涉及任何实质性的内容，在此时保持安静和镇定恰恰是最好的应对方法。让狂躁症患者尽情发泄，他只是在宣泄感情，并没有要进行任何专业性的讨论。

2. 设定底线

如果上级领导在你的员工面前对你叫喊，那你应该说：“对不起，这样我们没法讨论，也不可能找到解决办法。等你冷静下来，我们私下谈吧。请原谅。”然后转身离开办公室。这样，你就在员工面前维护了自己的尊严。别犹豫，要远远地走开，以免他继续对你进行宣泄。

3. 运用外交手段

在重要事项上对他表示反对意见，言辞不要太过激烈，如“这根本不行，以这样的预算我们没法及时完成”。换言之，表达异议的时候，要谨慎而圆滑：“质量和时间没有问题，我觉得可能还需要增加一点预算，或者，如果没有额外预算的话，需要把时间往后推几天，你觉得呢？”

情感认知

情感认知是领导者必须具备的能力之一。能够并且真的从员工角度考虑问题，才能真正了解每位员工。也许你知道，对于领导者有事务管理和人员管理的区分。优秀的领导者会同时掌握两种能力。情感认知是进行人员管理的前提条件，如图 16.5 所示。例如，你的领导会定期进行员工谈话，或者对你的工作给予认可。如果他完全不具备情感认知的能力，或者表现得太过亲密，你该怎么办？

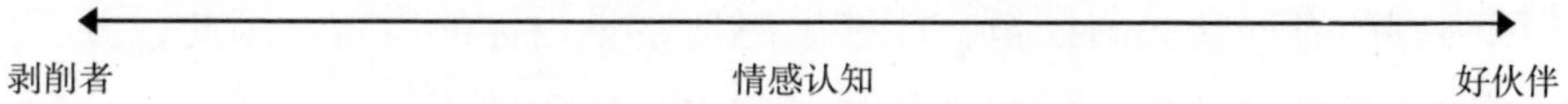

图 16.5　领导者情感认知的类型

剥削者

一位部门经理说："我的领导太狠了。我腿骨折了，给公司打电话请 3 周假。结果他说，没问题，3 周之后直接过来收拾东西走人。我只好雇私人司机每天接送我上下班。"剥削者唯一感兴趣的是工作是否完成。他无法容忍任何员工因私人问题而对工作造成影响，员工在这里，唯一的目的就是创造业绩，其他的一切根本与他无关。这就应了那句话："我的老板有金子般的心肠，只是更为坚硬冷酷。"比较年轻的剥削者往往是那些想在事业上有所成就的人。从人际技巧来说，他们尚欠成熟，首先想到的永远是自己的利益和事业。年长的剥削者则是拥有更高地位的同类型人物。他们会榨出员工的最后一滴血汗，以此追求最大的价值。而在自己政策的长期影响显现前，他们通常会更换工作，留下的只是难以收拾的烂摊子。

应对之道

1. 提供支持

找出剥削者要达到的目标，他的主要目标通常是取得事业的进步。你的工作是，找出哪些目标的实现可以使得他的事业获得成功，以及还会有哪些事情是他所看重的。这样，你就可以有针对性地采取行动。一旦他将你视作自己的“支持者”，你就可以避免接受最悲惨的待遇了。

2. 给予认可

剥削者非常看重他人的认可。由于在人际技巧上有所缺陷，他们通常都会有过度的自尊，需要他人经常给予抚慰。想一下，他真正擅长的是什么，你一定可以想出他具有的某些长处。然后，以谨慎的态度和方式对此加以肯定，因为剥削者通常聪明狡猾，能够敏感地察觉出你的谎言。因此，务必要找到真正值得赞扬的地方，否则，就成了虚伪和谄媚，而他对此一清二楚。碰面的时候，要以他为话题的中心，要把他和他的兴趣作为讨论的重点。对其他任何事情，他了无兴趣。

3. 保护自己和员工

如果你的上级领导是一位剥削者，那么你要保护好自己和自己手下的员工，不要成为他手中的软柿子，被榨干最后的精力。要想出防卫的策略，否则他只会得寸进尺。要以妥当的事实为依据进行防卫，并设定出底线。尽量用笔头沟通，特别是在你觉得目标和时间要求难以达成时，这样可以避免自己在事情进展不顺时成为他的替罪羊。如果你能以书面的方式证明，一开始你就已经指出了存在的问题，这当然会对自我保护产生重要的作用。

好伙伴

一位部门经理说：“一开始，我觉得领导人真好，还为自己感到幸运。后来我才发现，以这种友好方式，他根本容不得别人对他的一点批评。”他非常在意团队和每个个体的感受，他将和其他员工视为自己的亲属，他总是在你身边予以支持，对所有人表现出充分的理解，他乐于花时间进行私人谈话，询问你的个人生活。你们的工作关系充满和谐。这位像好兄弟一样的领导把你纳入他的私人生活圈，会在烧烤聚餐上向你介绍他的家庭。他乐意对他人进行赞美，并经常表扬员工。除此之外，还会时常提出一句建设性的格言。凡事总有正反两面，他会要求你付出无条件的忠诚，以此作为小小的回报。任何批评都会被他视为背叛，并被看作针对他个人的。

应对之道

1. 避免过于亲近

如果领导和你称兄道弟，自然很难拒绝。你可以通过自我约束避免关系过于亲近。在接受他的邀请，与他一起参加高尔夫俱乐部或扶轮社前，要仔细想清楚你是否愿意加入。过分的信任也许被用作道德的皮鞭。一旦你提出反对意见，你很快就会听到领导这样说：“我们关系这么好，真没想到你会这样。”

2. 区分对人和对事的评价

如果想要表达批评的意见，你要清楚地表明对事不对人。对事进行批判之前，应先对他本人及你们的关系做出一个肯定的评价：“你知道，我非常喜欢你，而且也明白我们这个项目对我而言多么重要。正因为这样，我要向你指出我发现的一个问题。”

3. 还施彼身

你的优势是可以把领导对付你的方式用到他身上。如果想要为某位女职员加薪，你可以对他动之以情：“大善人彼得，我明白现在资金有点紧，但是她确实应该获得加薪，你可不能让我为难啊。”

应对上级领导极端行为的另一个方法是用同样的极端行为去应对。通常来讲，以下的情况可以达到和谐：拖沓大王配拖沓大王，控制狂配控制狂，墨守成规的人配墨守成规的人，自发的创新者配自发的创新者，冰块先生配冰块先生，剥削者配剥削者，好伙伴配好伙伴。只有在吹毛求疵的人配吹毛求疵的人，以及狂躁症患者配狂躁症患者时，会很快产生负面效果。无知配无知，尽管关系和谐，但鉴于他们能力匮乏，这样的组合也会很快解体。

练习

在刻度尺上标明你心目中自己和领导所在的位置。分别将自己和领导代表的点连线。两人的连线距离越远，表示你们越容易产生冲突，但你们也就相应地越具有互补潜力。为了能够达到互补的效果，你需要在领导面前保持正确的态度，采取明智的举动，同时要具备处理冲突的能力，否则争执将不可避免。

拖沓大王　　工作方法 / 框架　　控制狂

无知的笨蛋　　专业知识　　吹毛求疵的人

墨守成规的人　　对变革的热情　　自发的创新者

冰块先生　　对自身情绪的控制　　狂躁症患者

剥削者　　情感认知　　好伙伴

你的上级领导所拥有的极端特征或你们之间存在巨大差异的特征会是问题的关键所在。将我们在这些方面推荐的方法组合起来，以此形成你在未来将要使用的应对策略。如果领导处在中间的位置，而你是那个具有极端特征的人，你就要努力去适应自己的领导。

从这些刻度中你还可以看到，也许你的领导并非那么不可救药。也许他并不是在所有方面都那么极端，有些地方他仍然表现良好，而且不像其他领导那样在此方面让你苦不堪言。获得这样的认识可以帮助你巩固对领导的正确态度，而这正是我们在本篇的开头所提到的。认识到领导的不足，但不要评判，而是要帮助他予以弥补。领导会因此对你怀有感激之情的。

总　结

如何面对令你不满的领导

- 你的领导令你生气烦恼，通常来讲，唯一的办法就是改变自己的态度。改变态度并非意味着示弱，而是要认识到一个巴掌拍不响，想一想你对冲突应该负有的责任。你本身就是冲突的一部分，所以当然可以对这一部分产生作用。在多数情况下，你的做法也可以给对方造成积极的影响。
- 思考一下，你的领导有哪些方面让你喜欢，你愿意从哪些方面改善和他的关系，你准备如何着手去做。只有在你对领导抱有正面的或至少是中性的态度时，他才能够接受你的影响。

让自己变得不可或缺

- 仅仅达成了业绩指标是不够的，还要让领导认识到你所取得的成绩。很多人都希望将荣誉归于自己。要让领导明白你在其中所做出的贡献。在公司内彰显你的部门的业绩与成就是你作为经理应当承担的工作，也是对你的团队肩负的责任。
- 要按照高层领导的思维模式提出论断。不要向他们推销你的投资计划，要回答 3 个核心问题，以可期望的收益或者能够带来的成本减少为卖点。这 3 个核心问题是：这个计划能带来什么？需要多长时间？有多大把握？

- 要给人一种举重若轻的感觉。不要向别人讲述你在优异表现背后所付出的艰苦努力。人们认为你是能力卓著的一个人，而你的诉苦会破坏他们的这种印象。
- 与领导讨论问题时，主要讨论那些已经获得解决的问题。假如谈论目前存在的问题，你应该同时向他提出可行的解决方案。

处理领导施加的过重负担

- 如果领导给你提出了不明确、不现实或毫无意义的任务要求，或者没有在必要的情况下做出决定，你就可以运用各种有效的技巧来应对。
- 如果没有明确的目标，不要急于开始工作。任务的说明及由此得来的任务的定义是衡量你能否成功的关键。
- 把领导交代的复杂任务拆分，计算出每个细分任务所需的时间和人力。通常来说，所需时间的总合，会比之前整体估算出的结果更长。
- 在接受了没有意义的项目后，要保持冷静，计算出这个任务所需消耗，并将其呈现给领导。如果他仍然要求执行，那么你可以把它归为一个待命项目。
- 如果领导对该做的决定一再拖延，你可以为他绘制一个一目了然的决策矩阵。在决策矩阵中列出各种选择，同时也要包括未做决定将产生的后果。在最后，要明确你所推荐的方案。

应对性格极端的领导

- 要想对那些难缠的领导施加影响，你需要同时具有正确的态度和策略。

一般来说，部门经理与上级领导产生冲突会集中在以下 5 个方面：① 工作方法；② 专业知识；③ 对变革的热情；④ 对自身情绪的控制；⑤ 情感认知。

- 分析一下你和领导在以上各方面有多大区别。如果你们在某些方面具有相似特点，那么这可能不会对你产生困扰，问题在于那些你们彼此大不相同的方面。针对领导的极端性格，你可以学习我们所推荐的行为方式，并由此形成自己的应对策略。

走向全方位领导力的第一步

本书评述了全方位的领导力改进建议。现在，你面临 3 种选择。

1. 一边想着“真是不错的建议，应该试试”，一边又把它束之高阁，于是什么都不会发生。如果不马上开始实践，那么，日复一日，你真正应用它的可能性就会不断降低，因为明天再次开始面对日常琐事时，这些内容就会在记忆中逐渐淡去。与刚刚读完此书的时刻相比，不会再有其他时候能令你产生更为强烈的冲动去实践本书中的方法了。

2. 满腔热情，马上下定决心要做到其中的 10 条。所谓贪多嚼不烂。一周后，你开始觉得沮丧、受挫，并逐渐恢复到以前的行为模式。

3. 从整本书中选取 3 条建议，下定决心在此后的 3 天中将其付诸实施，随后不断扩展。如果你能够说到做到，就一定会从此书中收获良多。

练习

写下你从本书中选择的、在接下来的 3 天中准备执行的 3 个活动：

1. ____。

2. ____。

3. ____。

中层领导者的工作是企业中最为困难的工作之一，但同时它也是最令人兴奋的，能够带来极大的满足感。你会面临种种挑战，并从中获得成长的机会。那些身为中层领导者所必须面对的抉择、获得的成功、承担的挫折……都为你提供了完善自我性格、塑造自我价值观的机遇。

有些领导者身处其位却目光狭隘，一心只盯着自己的事业和晋升的机会，对自己的下属毫不关心。只看重事业道路的人很容易遭受痛苦和失落。阿尔伯特·爱因斯坦就曾经说过："以满足自己需求为目标的人生，迟早会品尝苦涩的失望。"

在我的职业生涯中，我认识了很多公司领导。他们中的很多人具有成熟的人格，其中的一个特点就是，热爱自己的工作，关注自己的下属。在这些人的领导下，员工满怀热情地工作，他们不仅能使部门取得良好的业绩，同时还会伴以欢声笑语，而这正是良好工作氛围最为典型的标志。这才是真正的领导！

在本书最后，我祝你在实践此书所介绍的方法时取得成功，并能够分辨出重点所在。

期待你的意见和建议。

职业演讲人兼作家

亚历山大·格罗斯

反侵权盗版声明

举报电话：（010）88254396；（010）88258888

传　　真：（010）88254397

E-mail:　　dbqq@phei.com.cn

通信地址：北京市万寿路 173 信箱

　　　　　电子工业出版社总编办公室

邮　　编：100036